カンタンなのに
家族に人気の

お魚おうちごはん

モチダちひろ

カニ玉風あんかけ卵焼き

プロローグ

食事は
とりあえず腹が
ふくれればいいかと
思ってた20代前半…
ダイエット兼ねて…
パンと鶏肉のみとか
テキトー〜な食生活…
家族ができて子どもに
迷惑かけたくなくて
ピンピンころりが
目標になると
つぶリンゴばっか食べんなよー
ちびたろは野菜もっと食べなー
しょりしょり
えー
しょり
食事に対する
意識も変わった30代前半

釣り好きの
夫のおかげで
気づいた
魚介類の魅力
豆アジ釣ってきたー
おお大量…
なんにしたら
美味しいかなー
子どもたちの
反応を見ながら
色んなレシピを
つくってみることで
発見できた
お魚の美味しさ
豊富な栄養
楽しさ
アジの南蛮漬けできたよ
運んでー
あーい
わーい

福岡の海辺でお魚を
よく食べて育った私が
広島に移り住み
家族を持って
あらためて知ることが
できた、お魚の魅力
スーパーで目にしない日はない
お魚たち‼
まだまだ知らない
一面がきっとたくさんあるはず！
この本では
身近な海の食材を
使った様々なレシピを
栄養とともに紹介
していくよー‼

もくじ

鯛のアラ汁

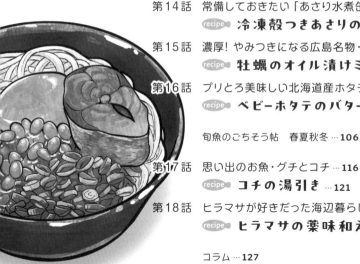

ひっぱりうどん

タコの甘辛煮

私が初めてお魚を捌《さば》いたのは26歳
えっ 太刀魚《たちうお》⁉
当時友人だった夫（釣り大好き）が釣った太刀魚をお裾分けしてくれた
どうぞ
ありがと
ガサ
のちの夫婦である
ど
どん
（太刀魚）
細長く太刀のような見た目のお魚
揚げるとふんわりして美味
初めてのお魚捌きが太刀魚って……
ハードル高くね？
ぜったい捌くのメンドーで押しつけただろ
でーーん…
太刀魚
メバル
菜切り包丁しか持ってなかった
ドキ
ドキ
長くて平たくてでけぇ…

こんなことなら魚料理が得意なばーちゃんに教わってればよかったな…
えーっとどうやんだ？
それでは太刀魚を捌いていきます
スパパパパパパ
スパァ
ばーちゃんはめっちゃ早いぞ!!

そんなこんなで10匹の太刀魚を2時間かけて捌いた私だが
つかれたけど
太刀魚のムニエルすんばらしくうめぇ
実はお金を払えばスーパーの鮮魚コーナーでも捌いてくれたりする

※やってないお店もあるので問い合わせてみよう

なんならスーパーで売ってるお魚なら
鮮魚コーナーは神
二枚おろし三枚おろし開きなどにしてくれる
無料で捌いてくれるスーパーもあるぞ
ニコニコスーパー
鮮魚市

このことは
結婚してから知った
マジ?
コクッ
マジよ
知らんかったん?
母(ちかこ)
お魚は捌くのがめんどうで
お肉ばっかり買ってたけど
鮮魚
ゴマ鯖
豚バラ肉
それを知っていれば
独身時代から
ウフフ~
今日はお刺身
和食ラブ♡
お魚ライフを
謳歌できたのに…
現在は夫が
毎週釣ってくるので
捌けるようになり…
うおおお
並んで
大量のタラを
捌きまくる
まだまだあるよー
スパ
スパー
スパ
スパー
キュッ
と

こんなもんか
小さく
まとまったな
ポイポイ
水分切って
袋二重にして…と
魚の骨や
内臓など
食べない
部分は
ポリ袋に
まとめ…
ポイッ
バタムッ
お魚の内臓や中骨は
ゴミの日まで冷凍しておけば
腐らないし臭わなくて完璧
食べた後の
骨や皮も冷凍しとくと
いいよ☆
カチーーン
魚OKな
生ゴミ処理機
気になるんだよなー
どれにするか
悩んで買えて
ない…
生ゴミ処理機
乾燥させるヤツ

子どもが生まれてからは余裕がなくなり夫婦間でルールができた
釣りに行ってもいいけど
ぬむ…
必ず全部下処理までするのが条件です
私は捌きませぬ…
ビシッ
もちろんです!!
毎週スーパーで買ってきたような魚ブロックが
今週は何つくろ
魚
みそ
ミチ…
魚
魚
冷蔵庫を圧迫するわが家
太刀魚は加熱で旨味アップ!!
まきまき
梅と大葉を巻いて天ぷらにすればやわらかい身も食べやすいよ～
焼くとホロホロしてちょっと食べづらい旨いけど♡
半身で大葉と梅を巻いて…
天ぷら粉をつけて揚げる
キツネ色になったらカリじゅわふわっの梅しそ巻天完成!!

osakana recipe

太刀魚の梅しそ巻き天

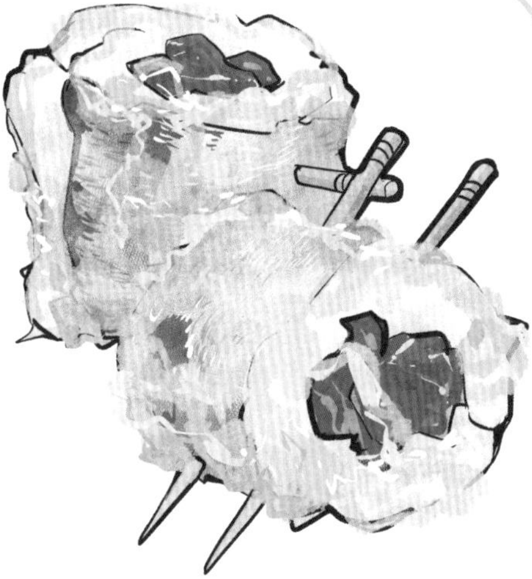

材料

(4人分)

- 太刀魚の切り身…8枚(2匹分)
- 梅干し(種をとったもの)…4個
- 大葉…8枚
- 爪楊枝or竹串…16本
- 天ぷら液…粉100g分
- サラダ油…適量

作り方

1. 切り身に大葉と梅干しを置いてくるっと巻き、爪楊枝か竹串でさして固定する
2. 充分な量の油を鍋に入れ、170～180°にしておく
3. 1を、分量通りの水で溶いた天ぷら液に浸して3分ほど揚げたら完成

ムニエルにしても美味しい！
焼く場合は身がやわらかいので
塩で水分を抜いておくと
身が締まって良い感じ

第2話 だから私はお魚を推したい!

私
お魚が一番好き!!
夫
お肉が一番好き!!
毎週釣りに出るのに…!?
いやお魚も好きだけどさ
お肉おいしいじゃん
引…
肉＝《イコール》パワー!!
ムシャア
って感じするじゃん
お肉と同じくらいお魚でもパワーでるのに…日本人の魚離れについての話知ってる?
実は年々日本人一人当たりの魚介類摂取量は減少し続けているらしい
ぐんぐん
しゅ〜〜ん
ええ!!
そうなの!?

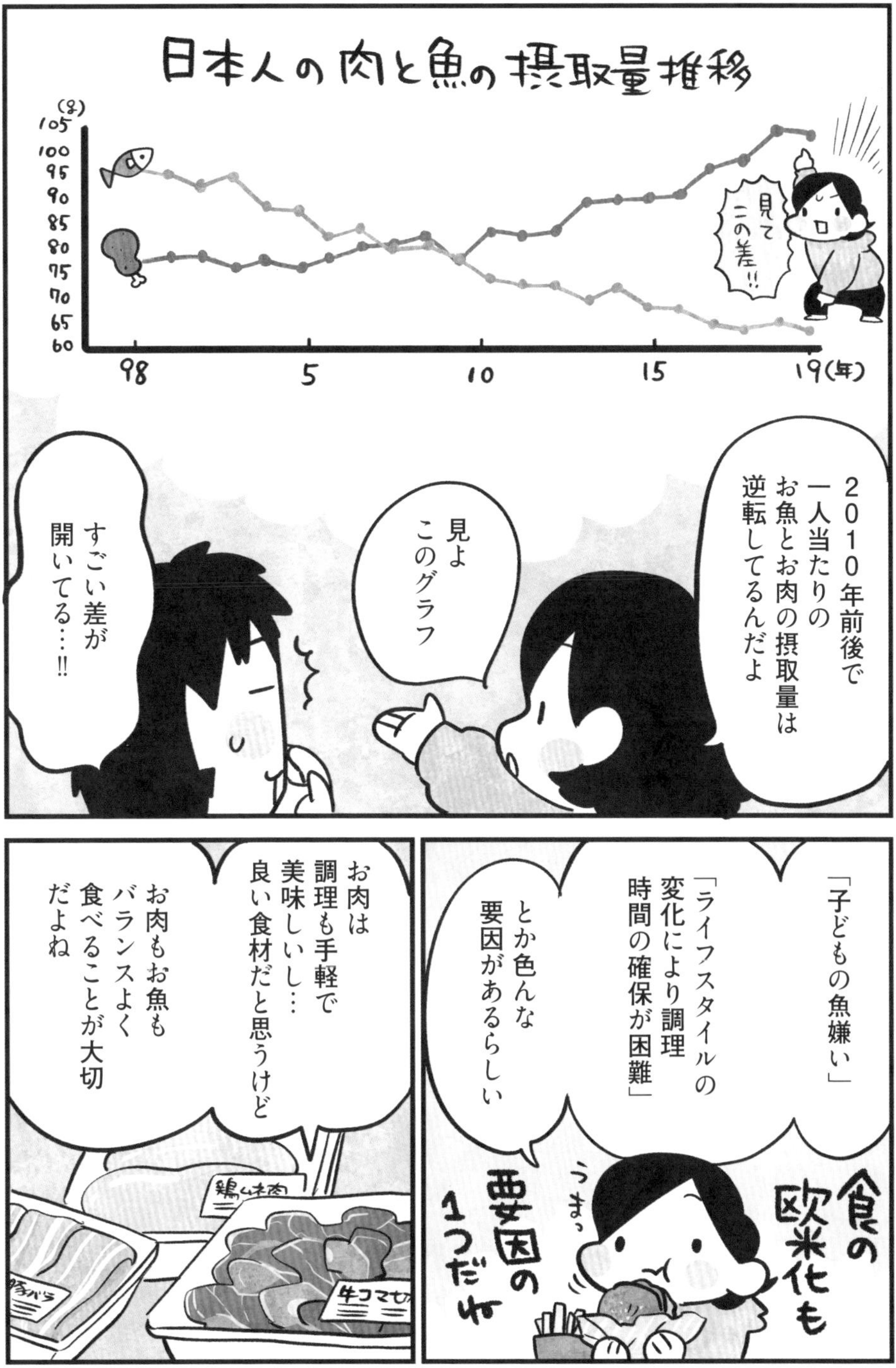

日本人の肉と魚の摂取量推移
(g)
105
100
95
90
85
80
75
70
65
60
98
5
10
15
19(年)
見て この差!!
2010年前後で一人当たりのお魚とお肉の摂取量は逆転してるんだよ
見よ このグラフ
すごい差が開いてる…!!
「子どもの魚嫌い」「ライフスタイルの変化により調理時間の確保が困難」
とか色んな要因があるらしい
食の欧米化も要因の1つだね
うまっ
お肉は調理も手軽で美味しいし…良い食材だと思うけど
お肉もお魚もバランスよく食べることが大切だよね
鶏むね肉
豚バラ

参考：農林水産省HP

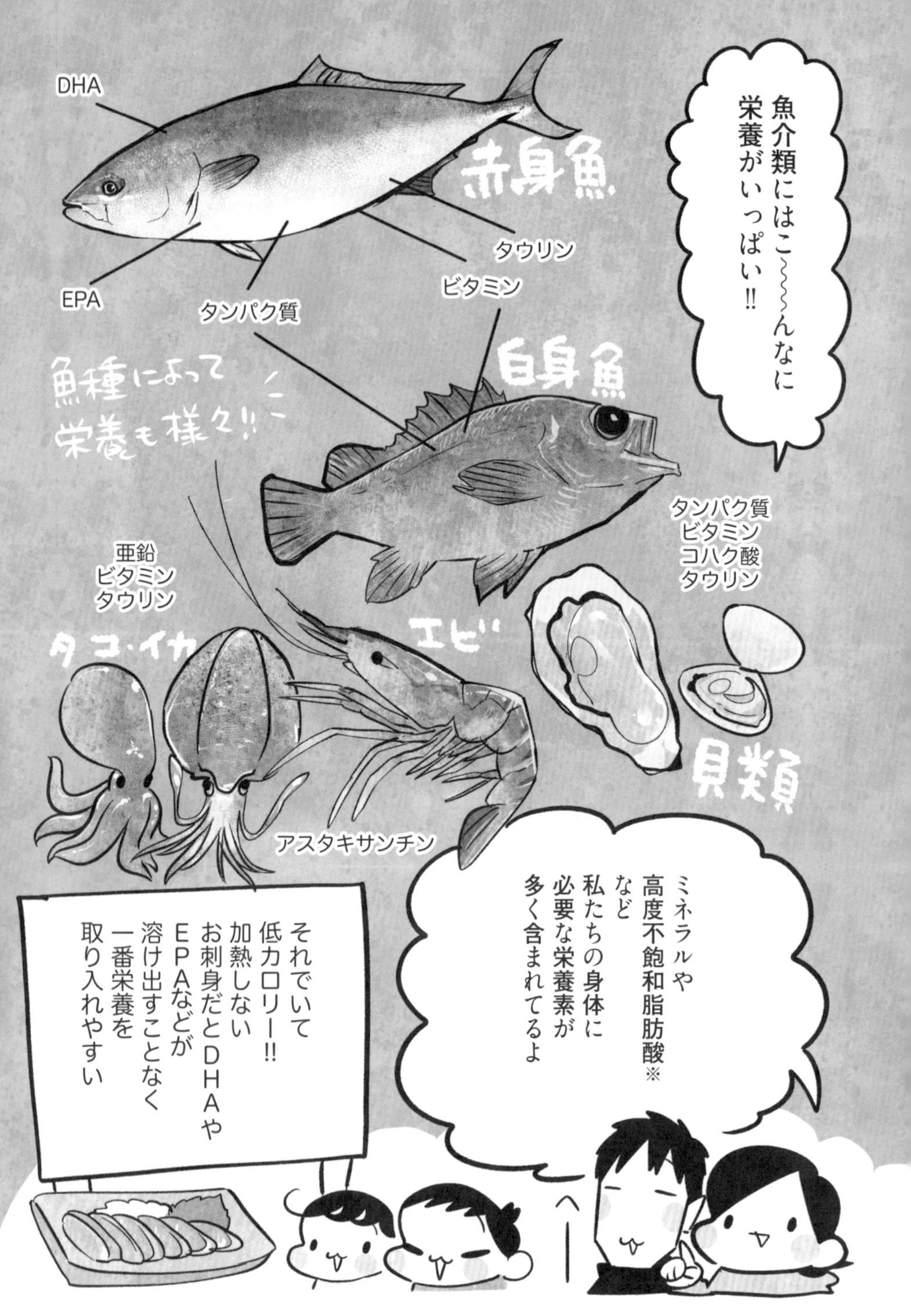
魚介類にはこ〜〜んなに栄養がいっぱい!!
赤身魚
DHA
EPA
タンパク質
ビタミン
タウリン
白身魚
魚種によって栄養も様々!!
タンパク質
ビタミン
コハク酸
タウリン
貝類
亜鉛
ビタミン
タウリン
タコ・イカ
エビ
アスタキサンチン
ミネラルや高度不飽和脂肪酸※など私たちの身体に必要な栄養素が多く含まれてるよ
それでいて低カロリー!! 加熱しないお刺身だとDHAやEPAなどが溶け出すことなく一番栄養を取り入れやすい
へー

※DHAやEPAなどのこと
参考:『からだによく効く旬の食材 魚の本』(講談社/2013年刊)

お魚にはタンパク質はもちろん
ビタミンやミネラルが豊富
アンチエイジング効果もあるよ
生で食べられるから栄養を取り逃さない
和
もぐ
もぐ
マグロやブリみたいな赤身魚に多く含まれる不飽和脂肪酸は中性脂肪や悪玉コレステロールを減らす働きを持ってるよ
でもお肉も手軽でタンパク質やビタミンA・Bなどの栄養たっぷりだしお魚もお肉も「バランスよく食べること」がすごく大切!!

それぞれいいところはあれどお魚の消費が落ち込んでいる今…
どん
私はお魚を推したい
お肉はよく食べるし
ファストフードラブ
意識的にお魚を食べるくらいが丁度いいかもね
というわけで魚料理のための魚釣ってきまーす
ピューーッ
大義名分を得た夫
ボウズ※の日もたまにある
おさかなは～？
本日ゼロ匹なり……
ぐすん
カラ
空っ
お刺身……
うわぁ

※釣り用語（1匹も釣れない の意味）

osakana recipe

オイルサーディンおつまみ

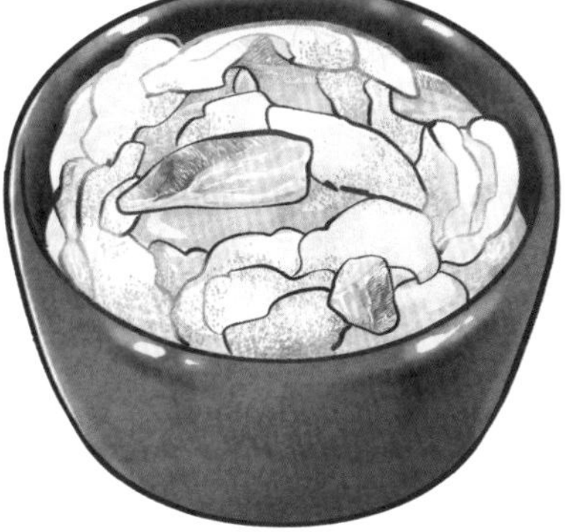

材料

（4人分）
・スモークオイルサーディン…1缶
・明太子…70g
・白菜…4枚
・しょうゆ…小さじ1

作り方

1 フライパンにざく切りした白菜、明太子、オイルサーディン（オイルもすべて）の順で重ねる

2 蓋をして中火で約15分、途中焦げつかないように、フライパンの底のほうを混ぜながら煮込む

3 全体的にしんなりしたら、しょうゆを加えて全体をしっかり混ぜて完成

4 粗熱が取れるまで一度置くと白菜に味が染みて美味しい

昔友人につくってもらったおつまみで、
気に入りすぎてよくつくります。
当の友人は、「そんなんつくったっけ？」
と忘れてました…

第3話 ラクしたい！ 手放せない出汁パック

現在
みそ汁つーくろ
ザー
今日はどれにしよっかな…
ガラッ
今日はラクしたい気分
ア〜…
いりこ
こんぶ
ポイ
ポイ
花かつお
ア〜レ〜
コレに決めた!!
かつおと昆布
だしパック
出汁パックや出汁粉末…
だし顆粒
ラクすぎてもう手放せない
ハァ〜いい香り…

色んな出汁を使うけど
どれもそれぞれ
良いところがある
日本料理に欠かせない
お吸いものや
みそ汁
めんつゆなど
なんにでも合う〜
イノシン酸
カツオ
タンパク質
カリウム カルシウム
ズズ…
お肉やお魚の旨味を引きだすよ
鍋の出汁によく使う
こんぶ
グルタミン酸
アルギン酸
フコイダン
鉄分
ナトリウム
出汁昆布と
梅干しにお湯
注いで飲むの好き
うどんやおでんに!!
スッキリした上品な旨み
ちゅる
あごだし
イノシン酸
タンパク質
カリウム
ビタミンB類

参考：みずのとHP

出汁がらの栄養まで全部取りたい時は
パッ
パッ
出汁パック破って使うのがオススメだけど顆粒出汁と違って小骨が入ってる場合もあるので注意
出汁ってなんでこんなに美味しくて「ホッ」とするんだろう…
ハ〜〜ッ
ホッ
ぐびぐびぐびぐび
おいしっ
みそ汁は腸内環境を整えてくれる乳酸菌も取れて具や出汁を替えれば毎日でも飽きないスーパーフード
よく入れるのは
大根
人参
玉ねぎ
ブナシメジ
油あげ
小さい子どもには無添加の出汁パックが優しい味わいでオススメ
ホゥ…
ぐびー
母の味
根菜たっぷりいりこ出汁のおみそ汁

煮物にも汁物にも
炊き込みごはんにも
欠かせない出汁
たまに出汁パックじゃなく
カツオやいりこ、昆布から
出汁を取って
はーーっ
イイ香りぃ〜
昔の暮らしに
想いを馳《は》せるのであった
色んな所で
見かけるようになった
だし道楽の自販機
だし道楽
だし道楽
だし道楽
焼きあご（とびうお）が
丸ごと入ってるものもあって
見た目も楽しいのよな
広島県呉市にある
本店で食べられる
かすうどんは
上品な味わいで絶品
ズゾ〜
うんまっ
魚介から出る
出汁は味の要になる
重要ポジを担う

osakana recipe

出汁の取り方

作り方

昆布

1 水に対し1％くらいの重さの昆布を浸す

2 30分ほど経ったら弱〜中火でゆっくり温める

3 沸騰する直前に昆布を取り出せば完成

カツオ ※うす削り

1 鍋に水を入れ沸騰させたら火を止める

2 水に対し3％くらいの重さのカツオ節を入れる

3 2分ほど置いて、カツオ節を取り出したら完成

いりこ

1 水に対し2％くらいの重さのいりこを浸す

2 30分ほど経ったら中火で沸騰させ、そこから5分ほど煮出したら完成

私はうっかり昆布とか結構
煮出してエグみ出しちゃう…
カツオ＆いりこに
昆布を掛け合わせると
べらぼうに美味いよな!!

第4話 わが家お決まりの絶品鯛めし！ 鯛のしあわせフルコース

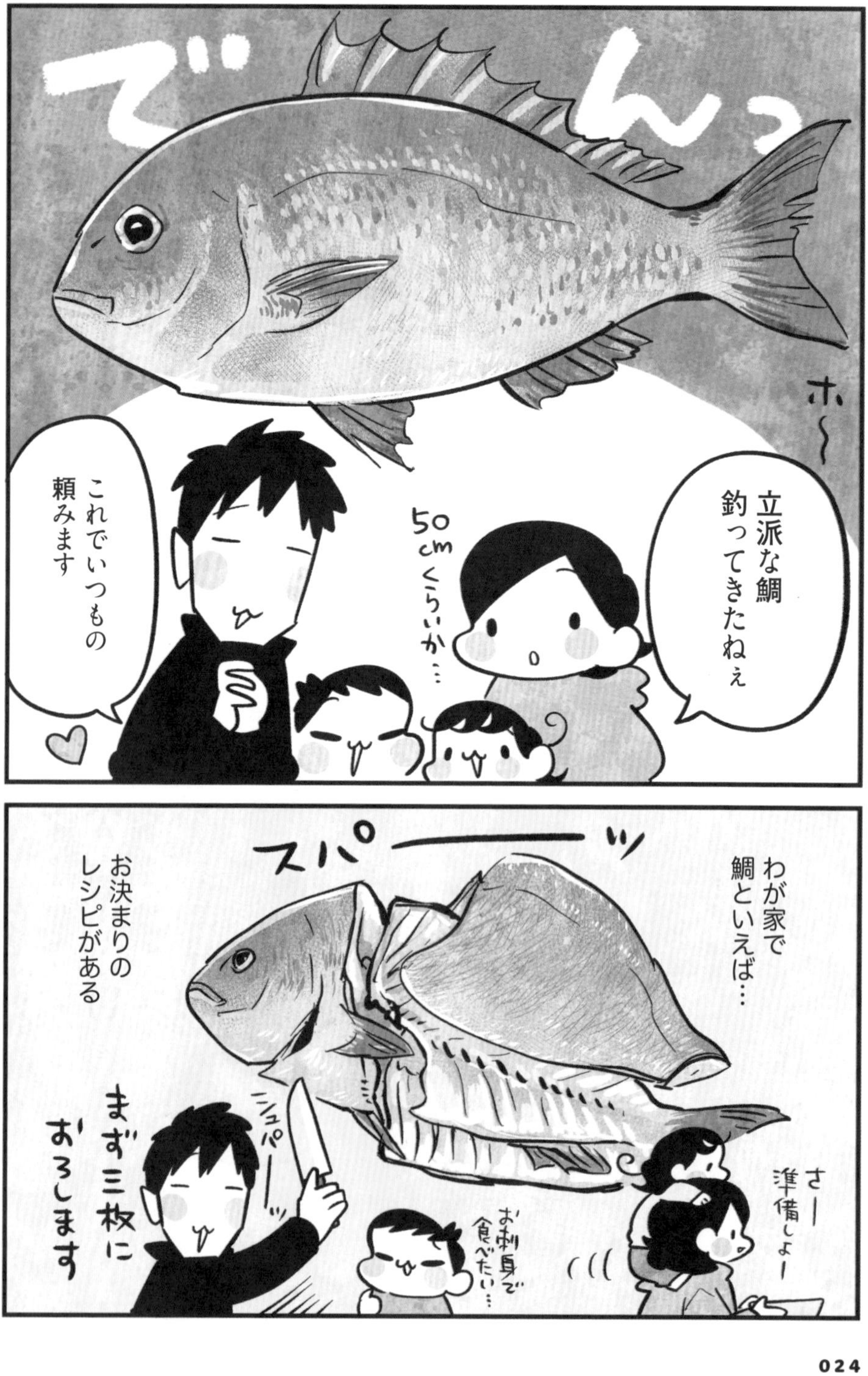

表面にひとつまみほどの
塩をふって10分くらい置いたら
水分を拭き取り
焦げ目がつくまで
オーブンで両面焼く
こんがり
その間に鍋に1ℓの
水を入れ
昆布を1枚
浸しておく
お米を4合洗う
しゃき
しゃき
焼けた鯛の
頭と中骨は
鍋に
身は
炊飯器に
それぞれ
投入
頭と中骨
身

沸騰しないくらいの
弱火で30分ほど
昆布と鯛で
出汁を取る
フィ〜
昆布を取り出し
出汁が冷めるまで置く
しょうゆ大さじ4
酒大さじ2
入れたら
びゃっ
冷めた出汁を炊飯器の
4合ラインを少し超える
くらいまで入れる
しゅーっ
待つこと
50分

ほわあっ
鯛めしの完成!!
く〜〜〜っ美味い!!
これこれえ!!
四合が一瞬でなくなる…
時間かけても食べたい味よな
うんま
うまし
ごまやミツ葉
大人は山椒を合わせても美味しい
残った出汁はそのままお吸いものにしても最高
オレは鯛レシピで鯛めしが一番好きだけどちひろは何かある？
とっておきが
あるよ

酢とハチミツを合わせて
酢大さじ4
ハチミツ大さじ3
くらいが好き
味見て
好みの酸味に
してね!!
いつも目分量…
テキトー
お刺身にした鯛を投入!!
塩もみしたきゅうり
千切りした大葉
ごまを
追加投入したら…

鯛のさっぱり和え
うまっ
おいしっ
鯛が安く
手に入ったら
迷わず
コレ作る
すっごく簡単だし
夏の暑い時期や
さっぱりした
メニューにしたい
時にもオススメ
あっさりしてて
たくさん食べられる
実母直伝♡
イエーイ
毎回
半身〜一匹分
つくってる♡

osakana recipe

鯛の漬け丼

材料

（2人分）

- 鯛のお刺身…200g
- しょうゆ…大さじ4
- みりん…大さじ2
- 白いりごま…大さじ1
- かいわれ大根…適量
- 海苔…適量
- ごはん…好きなだけ

作り方

1. みりんを600Wの電子レンジで1分加熱する
2. 1にしょうゆと白いりごまを加えて粗熱を取る
3. 2にお刺身を浸して冷蔵庫に30分ほど置く
4. 3をごはんの上に並べてかいわれ大根と海苔を散らしたら完成

少し残して鯛茶漬けにも！
わさびと玄米茶で
食べるのが好き

お米と食事バランス

33歳の秋に友人からダイエット指導を受ける
ピンピンころりで死にたいから健康になりたい
キリッ
イイねー
ダイエット指導資格者↓
その頃の私は朝食抜いたり昼〜夕方にダラダラ食べたりお米を減らしたり…
ちょび
お米はしっかり食事の6割は主食にしよう!
タンパク質できるだけ毎食とって!!
どんっ
主食6割!?
2割くらいにしてた…
6割…米食いすぎでは…?
もぐ
もぐ
もぐ
…と思ってたら痩せた。
えー?
えっ
えっ
実際6割にすると脂質の高いオカズがあまり入らなくなり満足感あって間食も減り健康的に…
あと三食しっかり米食べるとめちゃ快便
お米ラブ

第5話　すぐに食べられる！　ししゃもとしらす

スーパーって一年中
色んな種類の魚介類
置いてるよね
サケ
カレイ
カツオ
サンマ
タイ
カンパチ
マグロ
ブリ
サワラ
メバル
サバ
アジ
イカ
タコ…
スーパーとか
地域にもよる
けど…
確かに
骨なしのサケ
ブロックは離乳食で
かなり活躍した
ほぐして
とろみを
つけただけ
くれくれ
もっと
くれ
あ〜
スズキやカサゴは
よく釣れるけど
意外とスーパーで
売られてないよね
美味しい
のに
ナゼ？
理由があるんだよ

噂によると
網《あみ》でなかなか捕れないらしい
そんな事情が…
へー
瀬戸内海などの近海では釣れない高級魚もあまり見かけない
クエとかのどぐろとか
一匹買って捌いてもらうのが新鮮だしオススメだけど
ホー
育ち盛りの子どもたちにはボリュームのあるレシピがうれしいよね

ドン
そんな中で私のオススメは…
カラフトししゃもとしらすだぁ
ししゃも
カルシウム
鉄分、ビタミンB2
ビタミンD etc…
しらす
カルシウム
ビタミンD
ビタミンB12
必須アミノ酸
etc…
「レシピ」って言わなかった?
素材そのままもレシピのうち
キャピ

ししゃもとしらすは
丸ごと食べられて
栄養満点!!
調理の手間もかからなくて
最高だよ
子どもも食べやすい
もぐもぐ
ひと手間加えるなら
唐揚げやフライにしたり
南蛮漬けにすれば
効率よく野菜も取れる
ししゃも南蛮漬け
ししゃもフライ
しらすのかき揚げ
玉ネギ
人参
しらす
私はししゃもは焼き、
しらすは大根おろしと
しょうゆで食べるのが好き

忙しくても冷凍ししゃもが
あると心に余裕がめちゃ
生まれる
冷凍しらすもね…
汝
疲れた時は
ししゃもを
焼くべし
焼けばいいじゃん
心の中の
お釈迦さまが
そう言ってる
心にお釈迦さま
住んでんの…

ししゃもフライに
← マヨソースを添えて…
うま うま
← 大根おろしとも合う!
しらす丼は子どもも
大好き♡
最高…!!

osakana recipe

マヨしらす トースト

材料

（1人分）
・食パン…1枚
①チーズ（スライス）…1枚
②しらす…好きなだけ
③ネギ…好きなだけ
④マヨネーズ…好きなだけ
・海苔…好きなだけ

作り方

1 食パンに①〜④の順番にのせる
2 オーブントースターで焼く
3 マヨネーズがじゅわじゅわ
してきたら取り出す
4 海苔をきざんでのせたら完成

これがめちゃくちゃ美味い！
「しらすとネギ」を
「ちくわと玉ねぎ」にしても◎
家族に大人気のトースト！

第6話 サケが日本人に大人気の理由とは

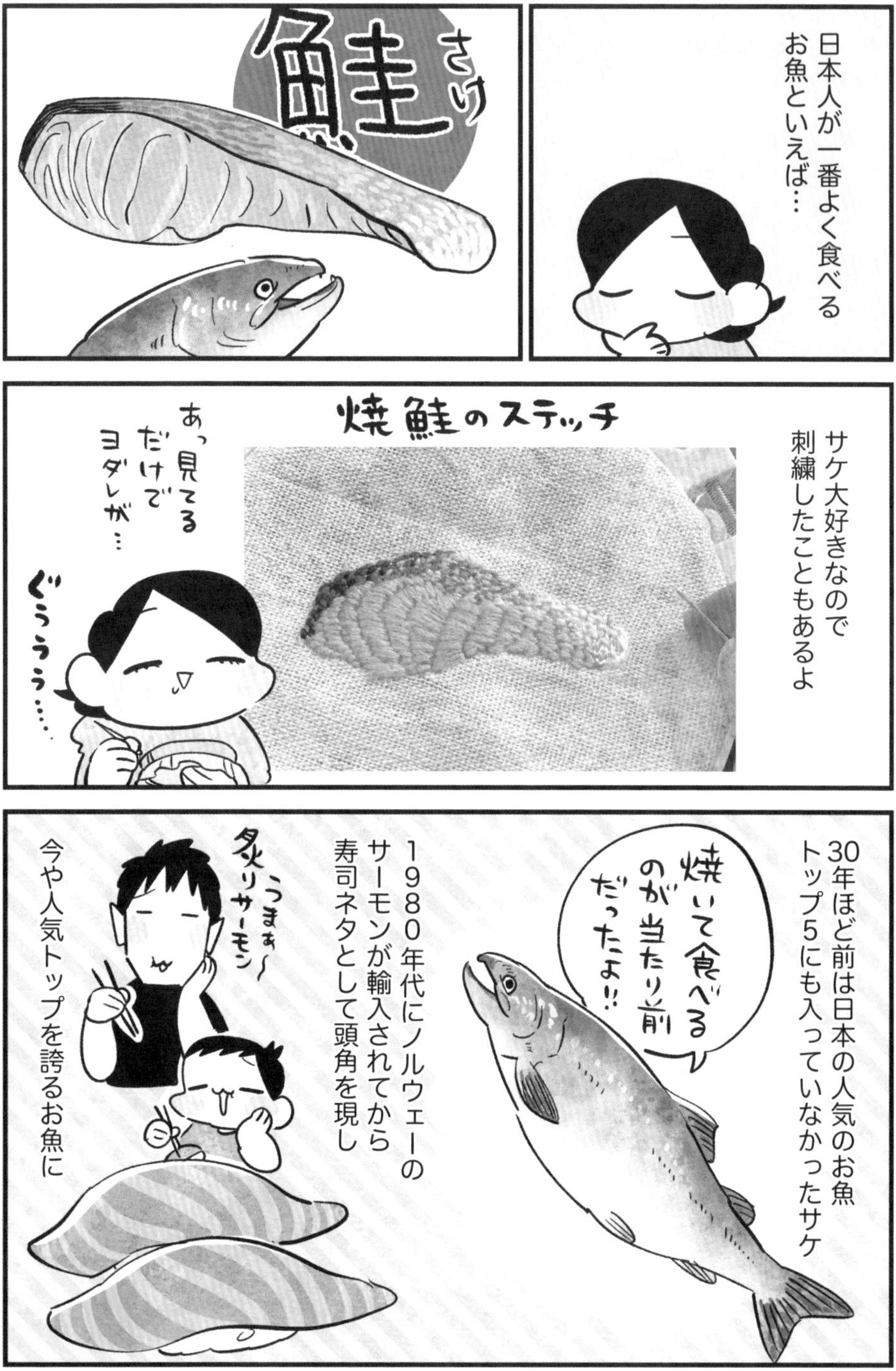
日本人が一番よく食べる
お魚といえば…
鮭《さけ》
サケ大好きなので
刺繍したこともあるよ
焼鮭のステッチ
あっ見てるだけでヨダレが…
ぐううう……
30年ほど前は日本の人気のお魚
トップ5にも入っていなかったサケ
焼いて食べるのが当たり前だったよ!!
1980年代にノルウェーの
サーモンが輸入されてから
寿司ネタとして頭角を現し
炙りサーモン
うまぁ〜
今や人気トップを誇るお魚に

参考：農林水産省HP

サケってひとことで言っても
銀鮭・紅鮭・白鮭
キングサーモン・カラフトます
アトランティックサーモン…
色んなサケ科のお魚を
まとめて「サケ（サーモン）」と
してるよね
似…!!
そうそう 実はそれぞれ
特徴も違うんだけどね
ノルウェー産の他に
チリ産も有名よね
チリ産 サーモン
めちゃ見る
秋になると
北海道や
三陸の秋鮭
とか…
北海道
三陸産
安くて骨取って
あるのも多いから
離乳食で大活躍
すんのよね
毎週
買ってたな〜
鮭炊いて
とろみつけた
だけのもの
鮭おむすび
パクパク期は
サケほぐして
おむすびに
したり…
鮭様々
パクパク
パクパク
うま
うま

ところでサケって白身魚なの知ってた？
……知ってたよ
何その間
身が赤いのは赤い色素を含む甲殻類をよく食べるから
オキアミ〜
赤ぃ色素の素になってる「アスタキサンチン」は抗酸化力の強ぃ機能性成分だよ
美肌効果（しわ・しみ予防）
眼精疲労の軽減
脳卒中や心臓病の予防
へー
ちなみにマグロとかの身が赤ぃのはヘモグロビンやミオグロビンなどの色素タンパクによるものでサケとは違うよ〜

参考：わかさの秘密HP

こんがり焼いたムニエルに
アスタキサンチンは熱に強くて加熱で働きが失われることがほぼないからムニエルやホイル焼きでも美味しく栄養を取り入れられるよ
みそマヨホイル焼きも美味しいよねぇ♡
鮮魚に力を入れてるスーパーなら「アラ」※として切れ端を安く売ってたりするから
即買い!!
パシィ
鮭のアラ 200円
アラ
お店や時期によるけど100g150円くらいで手に入ったり…
サケのアラ汁にしたり塩焼きにしてそのまま食べても美味しいけど
塩焼きしたアラをほぐして
サケおむすびに!
ホカア
脂の多い部分がアラとして売ってたりするから
甘みがあって最高〜♡
うみゃうみゃ〜〜!!

※魚の身を切り出して残った部分のこと

おにぎり×お魚って
よく考えたら最強だね
ハッ
カツオとか
明太子も
魚介類…
売れてるおにぎり
ランキング1位と
2位をお魚が独占
してるしね
1位
シーチキン
2位
しゃけ

参考：毎日新聞

煮穴子
かばやき
サンマ
焼サバ
鯛メシ
タコ飯
イカ飯
根強い2トップに
対抗できる
ラインナップ
登場してほしい
しらす
イワシ
甘露煮
しらすと
焼きサバは
見たこと
あるなぁ
もぐ…
もぐ
もぐ

osakana recipe

サケのミルクスープ

材料

（4人分）
・サケ…2切れ
☆玉ねぎ…1玉
☆じゃがいも…2個
☆にんじん…1/2本
・ほうれん草…1/2束
・バター…10g
・水…500㎖
・コンソメ…2個
・牛乳…300㎖
・塩こしょう…少々

作り方

1 ほうれん草は茹でて水気を切り、一口大に切っておく
2 さいの目切りした☆をバターで中弱火で炒める
3 玉ねぎが透き通ってきたらサケを入れる
4 サケの色が変わったら水とコンソメを入れて中火で煮る
5 沸騰してから吹きこぼれない程度に火を弱め、15分ほど煮る
6 ほうれん草と牛乳を入れ弱火で沸騰させないように温める
7 塩こしょうで味を調えて完成

子どもが
よく食べてくれるミルクスープ。
秋～冬はポカポカ幸せな気持ちになる。
サケの形を崩したくなかったら
オーブンで焼いてもOK！

はじめての人間ドック
2023年の年始
同世代の友人が健康
診断で初期の胃がんを
発見。(自覚症状全くナシ)
幸い手術で完治した
本人より…
胃カメラ
絶対した方が
いいよ!!
すぐ予約しな
と強くススめられ
初 人間ドックへ…
説得力しか
ない…
ピロリ菌の
うたがいアリで
要再検査に…
ゆーーっ
ピロリ菌は胃がんの原因にもなる
検査結果
Gってなに?
AとかBとか
じゃないの?
ピロリ菌は
自覚症状がほぼ
なく自然にいなくなる
ことも基本ない
…が病院で数日かけ色んな
検査を行った結果…
異例なんだけど
なんらかの偶然が
重なって除菌されて
ますね…
ええ…
ただ私の慢性胃炎は
おそらくピロリ菌が原因
だった模様…
胃、
荒らし
ときました
勝手に私の胃に
間借りしたうえに
原状復帰もせずに去って
行ったピロリ菌のヤロウ
胃潰瘍になった形跡まで
あったぞ…
サラバ
キ、
これをキッカケに
より一層食生活に
気を使うようになった
やっかいなヤツ…
フゥ〜
「ピロリ菌」は
0〜5才までに
感染するので
幼少期に井戸水を
飲んでたり親が
ピロリ菌保有者だと
感染の可能性アリ。
みんな検診
受けような!

第7話 神食材！ わが家の鉄板イカ料理

わが家の定番食材のひとつ イカ…
ケンサキイカ
コウイカ
スルメイカ
色んなイカがいるよ♡
低カロリー 高タンパク質で 冷凍しても味が 落ちず
イカ〜
捌くのも 意外とラク…
神食材 なのでは?
…
にゅ
How to イカ料理
うちはよくアオリイカと コウイカ釣ってくるよ

アオリイカの下処理例

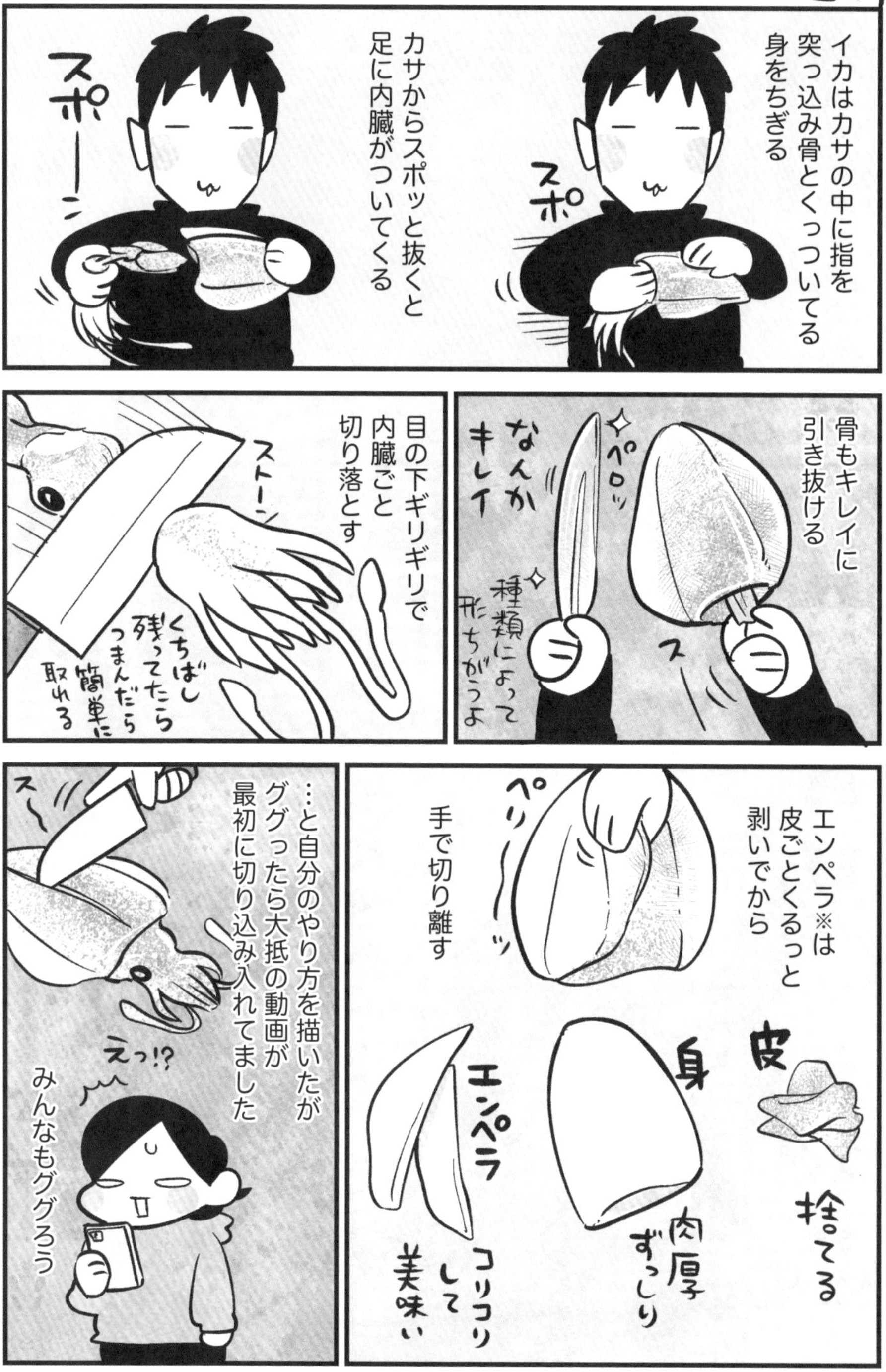
イカはカサの中に指を
突っ込み骨とくっついてる
身をちぎる
スポ
カサからスポッと抜くと
足に内臓がついてくる
スポーーン
骨もキレイに
引き抜ける
ペロロッ
なんかキレイ
種類によって形ちがうよ
スー
目の下ギリギリで
内臓ごと
切り落とす
ストーン
くちばし残ってたらつまんだら簡単に取れる
エンペラ※は
皮ごとくるっと
剥いでから
手で切り離す
ペリーーーッ
皮
捨てる
身
肉厚ずっしり
エンペラ
コリコリして美味い
…と自分のやり方を描いたが
ググったら大抵の動画が
最初に切り込み入れてました
スー
えっ!?
みんなもググろう

※イカのひれの部分

アオリイカはちょっと
高級品の部類、甘みが
強くて歯ざわりも
やわらかくお刺身が
オススメ
ねっとり
わさびじょうゆでも
塩でも
イカの干物づくり
アオリイカ
イカメシ
ヤリイカ
イカしゅうまい
美味すぎ…!!
コウイカも
美味しいけど
レア度は
低いから
お好み焼き
チャンポン
シーフードカレー
などの立て役者
として使いがち
お刺身でも
美味しいんだけど

でもそんなコウイカのとっておきの食べ方が…
イカ墨パスタ
コウイカは墨イカと呼ばれるほど墨がたくさん取れるのでイカ墨パスタに最適
あ゛
やぶれた
失敗するとそこらじゅう真っ黒に…
わが家はトマト缶を使ってつくるよ
カットトマト
にんにく（好きなだけ）・玉ねぎ（1玉）を炒め
カットトマト（1缶）投入!!
コンソメ（2個）
塩こしょう・白ワインを入れ（50㎖）
汁気が飛んできたらイカと墨を投入!!
味を見つつパスタの茹で汁・パスタを入れて完成!!
真っ黒になるぞ!!

イカ墨パスタは家族みーんな大好き
お歯黒〜
いつも目分量でつくるけど大人3人前くらいなら…
んー…
コウイカ1杯分で墨の量は充分濃厚でコクがあります
エッヘン
どんなもんだい
墨袋が破けることもあるのでスルメイカなどだと2杯分あると安心です◎
色調補正なしでこの黒さ…まさに漆黒…!!
ヒョ〜
黒っっ!!

osakana recipe

イカしゅうまい

材料

（4人分）
☆イカの胴体…2杯
☆玉ねぎ…1/2玉
☆白ネギ…10cm
☆はんぺん…1枚
☆にんにくチューブ…1cm
☆しょうがチューブ…1cm
☆鶏ガラスープの素…小さじ1
☆酒…小さじ1
☆片栗粉…大さじ1
・しゅうまいの皮…30枚
・水…100㎖

作り方

1 ☆を全部フードプロセッサーにかけてしっかり混ぜる

2 タネをスプーンですくい、千切りにしたしゅうまいの皮の上で転がして丸める

3 フライパンに水を入れ、その上にクッキングシートを敷いてしゅうまいをのせる

4 蓋をして中火で沸騰させた後、弱火にして10分ほど蒸したら完成

ふわふわで旨みたっぷり！
子どもでも食べやすい。
酢じょうゆで食べて！

第8話 旨みたっぷりタコづくし！

参考：『からだによく効く旬の食材 魚の本』（講談社／2013年刊）

新婚時代…タコといえば
タコ飯をつくってたけど…
うんまぁ
うま
うま
材料
・ゆでタコ…300g
・米…3合
・しょうゆ…大さじ2
・日本酒…大さじ1
・みりん…大さじ1
・昆布出汁…100㎖
・白出汁…大さじ1
・しょうがチューブ…3cm
・水…適量
夫が久しぶりに
タコを釣ってきた
ある日…
ゲット
スゴーーイ
ハ…
タコ焼きに
したら子ども
喜ぶのでは!?
というわけで…
じゃ〜〜ん!!
お
3千円程のタコ焼き器
購入!!
子どもと
落ちついてできるように
小さめにした

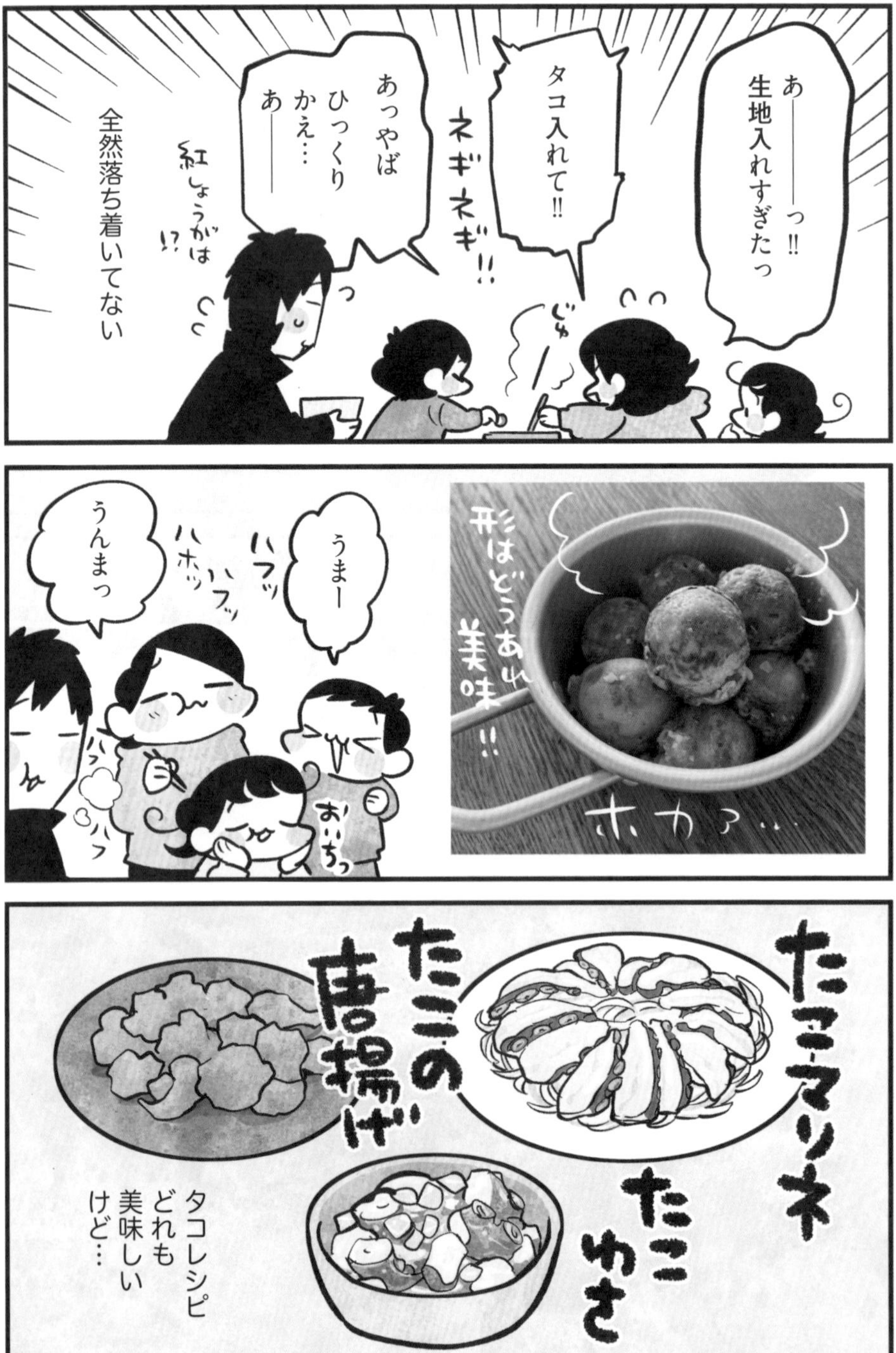

あ――っ!!
生地入れすぎたっ
タコ入れて!!
ネギネギ!!
じゅ
あっやば
ひっくりかえ…
あ――
紅しょうがは!?
全然落ち着いてない
形はどうあれ美味!!
ホカァ…
うまー
ハフッ
ハフッ
ハホッ
うんまっ
おいちっ
ハフ
ハフ
たこマリネ
たこの唐揚げ
たこわさ
タコレシピ
どれも
美味しい
けど…

茹でダコぶつ切りを
一味ポン酢で食べる
のが一番好き…!!
コレコレェ!!
新鮮な生タコは
内臓を取ったらそのまま
冷凍しておくと
使い勝手がいいよ
カチーン
解凍した時に洗うと
ぬめりがよく取れるよ
塩で1回もみ洗いして
ぐっ
ぐう
くるん
たっぷりのお湯に塩少々入れて
足から茹でよう
世界の
タコ消費量…
約60%※を
日本が占める
らしいよ
へー?
タコ大好き
もっ
もっ
えー
こんなに美味しいのにねぇ

※TSURINEWSより

タコを炊くと
いーい
におい
思い出す
くつ
くつ
くつ
甘辛い
タコのやわらか煮
ちっちタコ
煮たの食べるかね?
食べる-
祖母や母も
たまにつくってた味
やさしい
味わい
ホ〜
大人だけなら
鷹《たか》の爪《つめ》
入れても
美味
私は自分の分だけ
タバスコかけたりする。
たまに焦がしてたのも
よく覚えてるし
あ〜〜
私もよくやる
ブスブス
砂糖入れて煮る系は
やりがちよね…

osakana recipe

タコの甘辛煮

材料

（4人分）
・茹でタコ…400g
☆しょうゆ…大さじ3
☆みりん…大さじ2
☆酒…大さじ4
☆ハチミツ…大さじ2
☆水…300㎖
・鷹の爪…お好みで

作り方

1 ☆を混ぜ合わせて沸騰するまで煮る

2 1にタコを入れたら中火でタレの色が濃くなるまでコトコト煮詰めれば完成。一度冷ますと味がよく染みる

タコは煮るほどに
やわらかくなって
子どもも食べやすいぞ!!
鷹の爪は大人だけで食べる時に入れると
ピリッとして美味

第9話 300円で贅沢気分！「わたりガニ缶」

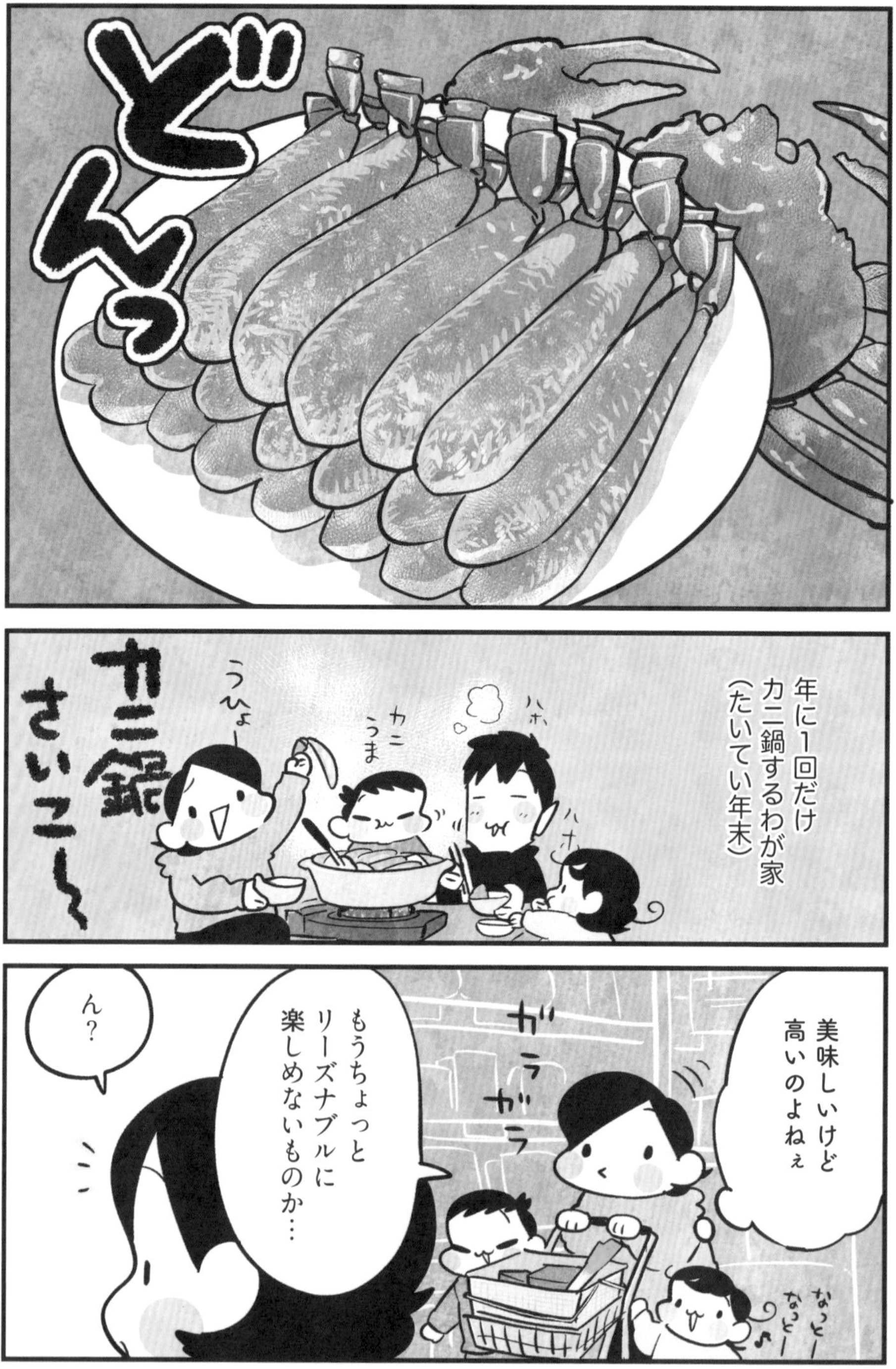

見てコレ!!
わたりがに
フレーク
じゃん〜っっっ!!
すごいの見つけちゃった
ホウ
カニ缶じゃん
ちっ
ちっ
ちっ
ズイ
ただのカニ缶じゃねぇぜ
通常のずわいガニ缶は500円くらいするけど
高級
ハァ〜〜ッ
この「わたりがに(フレーク)缶詰」は300円くらいでカニを楽しめるの!!
庶民の味方!!!
わたりガニって…どうなの

めっっっちゃ
カニ
キラ
キラ
私には
高級カニ缶との
ちがいそんな
わからん
そもそもあんま
高級カニ食べた
ことない!!
カニー?
カニ食べたぁい
オレも
わからんわー
まず昆布で
出汁を取り
くつ
くつ
500mLに
対して10cm四方くらいの昆布
昆布を
引き上げたら
カニ缶を
汁ごと
全部入れて
ザパ
冷やごはんと
溶き卵を
入れたら!!
三ッ葉
のせると
高級感
出てよき
お手軽
カニ雑炊の
できあがりぃ
おぉ〜
カニ〜
あに〜
ホコォ

カニおいしーー!!
ぱあああ
うまうま
スビッ
うまー
カニは高タンパク質低カロリーなだけでなくカルシウムや赤血球をつくるのに必要なビタミンB12も豊富だよ
カニ缶を使えば
カニ玉
カニグラタン
カニクリームコロッケ
色んなカニ料理がつくれるよ
カニ缶の汁を使わないレシピの時はもったいないからみそ汁に使っちゃう
捨てるとこない
出汁として活きる
トパッ
わー
フードロス削減〜

参考：味の素HP

たまに夫が釣ってくる
わたりガニはみそ汁に
しちゃうよ
足が一部
オール状に
なってて
カワイイ
あー
パ
カニ缶カニ玉に
カニカマ甘酢あん
めっっちゃカニを感じる
かに玉風あんかけ卵焼き
イカとカニ釣って
帰った日の食卓。
カニのみそ汁
ホホホ
みそ汁の
底に隠し
とくと
サプライズに
なって楽しい
カニだっ
ザパッ

osakana recipe

カニ玉風あんかけ卵焼き

材料

(2～3人分)
☆卵…4個
☆カニ缶…1缶
☆青ネギ(小口切り)…2本
・サラダ油…大さじ1
A　カニカマ…60g
　水…50㎖
　鶏ガラスープの素…小さじ1
　しょうゆ…大さじ1
　酢…大さじ1
　砂糖…大さじ1
B　片栗粉…小さじ1
　水…大さじ1

作り方

1 ☆をよく混ぜ合わせる
2 油をひいて中火で熱したフライパンに1を流し込み、よくかき混ぜる
3 半熟になったら蓋をして弱火にし、火が通ったらお皿に移す
4 使い終わったフライパンにAを全部入れて煮立たせる
5 1分ほど沸騰させたら火を止め、Bの水溶き片栗粉を加える
6 再度火をつけ、とろみが出たら卵焼きにかけて完成

焼いたあとまん丸のまま
食卓に出してもいいし、
切り分ければお弁当にも◎

北海道へ行く
海鮮大好き家族
魚全般好き
サーモン好き
ウニ好き
イクラ好き
小樽三角市場でカニ!!
カニ～ん
ウニとイクラまみれになったど!!
恵比寿桜さんに行ったよ！
ズズ～
魚たっぷり甘みあるアラ汁
札幌二条市場で北海道の名産を
ほっけの刺身
コロッケ
ウニイクラカニ丼
でめきんさん
夕張メロン
あわび
サーモン
ウニ
大トロ
シーサラダ
豪華茶碗蒸し
回転寿司も最高
活一鮮さん
子ども優先のためある程度待たなくて良い店舗を選んで入店したが…
うわスゲェ
ズラッ
有名店
有名店
有名なとこは1～2時間待ち（平日だど!!）
すぐ入れるお店でも全て最高に美味しくて北海道の海鮮レベルの高さに感動しっぱなしのわが家一同であった。
北海道サイコ～～!!

ぼくコレ食べたーい
どどん
花咲ガニ5千円

食べた…
北海道なんて…次いつ来られるかわかんないし
経験だし…
余すことなくめちゃめちゃ隅々まで食べた
うま
うま
うまっ
もく
もく
もく
もく
あー

第10話 汁まで使って美味しく食べるサバ缶

さば水煮
知らぬ人はいないだろう…
うちがよく買うのはHOKOかキョクヨーのリーズナブルなヤツ
2013年頃にメディアで取り上げられ、スーパーから姿を消す日が続いたことは
178円
サバ缶売切
218円
いわし
いわし
いわし
くそう!!
記憶に残ってる人もいるであろう
何を隠そう、うちにもサバ缶レシピ本がある
たびたび取り上げられるよね サバ缶…
2〜3次ブームの時に買ったヤツね
フッ
サバレシピ
スッ
美味いし手に入りやすいしラクだしイイよなサバ缶
あたしはしめ鯖が好き♡

わが家の定番
サバ缶レシピといえば
やはりみそ汁!!
サバ缶
汁ごと丸ごと一個
出汁の
代わりに投入
みそ
タニタの
みそ
使って
るよ
簡単だし
サバの旨味たっぷりで
美味しい!!

子どもに人気なのは
サバカレー!!
汁ごと
入れて
無水で
作れば
キーマ風
サバカレー
お肉の代わりに
サバ缶入れるだけの
至ってシンプルな
魚カレー
おかわりー

もうまじで何もしたくない時は
シンプルイズベスト!!
誰が何と
言っても
これは料理
マヨ&玉ねぎ
オンサバ!!
玉ねぎを氷水に
さらす工程が
入ってるから
これはもう料理だ!!
うま〜
一味ふっても
よき

サバ缶納豆も意外といけるよ
うま〜
ヒョイ
ヒョイ
これ絶対キムチも合うヤツじゃん
乗せよ
可能性は無限大…
生サバを調理すると骨や血合いの部分とか捨てがちだけど
いらね
ポイ
ポイ
バ〜〜ン
この骨の際に栄養が残っている…!!
サバ缶は骨ごとカットしたサバを缶に詰めて真空にして、そのまま加熱するというシンプルなつくり方!!
ポポイ
生サバと調味液入れる
サバ
真空状態にて
120℃の蒸気で1時間熱する
サバ
サバ缶完成!!
サバ
じゃ〜〜ん
ギュギュッとあますとこなく栄養詰まってる♡
骨まで食べられるからカルシウムがしっかり取れるのよ〜
ビタミンDも生サバより含有率高いよ
うれし〜♡
サバ

参考：マルハニチロ「umito.®」HP

脂質は少し高めだから多くても1日1缶くらいが目安としてオススメだけど
それでも魚油の効果は素晴らしいよ
サバ
魚油？
サバ缶はあばら骨付近の脂が多い場所も一緒に加工されて入ってるから
マグロでいう大トロ部分
元々DHAやEPA含有率の高いサバだけど
殺菌剤や保存料を使わずに真空状態で加熱殺菌することで
安心と美味しさ
そういった栄養が損なわれずたっぷり含まれてるよ
離乳食完了期～今まで、サバ缶には助けられっぱなし
パク
パク
パク
オススメ離乳食
サバのおやき
・サバ缶（1缶）
・豆腐（150g）
・ひじき（大さじ1）
・卵（1個）
・片栗粉（大さじ2）を混ぜて焼くだけ
大人はしょうゆかけて食べる。

参考：魚食普及推進センターHP

サバ缶おしゃレシピ!
①多めのオリーブオイルでにんにくを炒めて香りを出し
②しめじ1山 玉ねぎ1玉 サバ1缶を優しく炒める
③カットトマト1缶 コンソメ2個 塩こしょう投入
コンソメ
無印のヤツ便利よね
④ローリエを2枚入れて中火で15分ほど煮こむ
※子ども向けにする時はケチャップとソースで味を調える
⑤完成
うまっ♡
わー!!
サバのトマト煮
私はサバと一緒にスモークオイルサーディン入れるの大好き!!
好みの野菜に替えてもよき♡
オイルサーディンで応用しても美味い!!
オイルサーディン

osakana recipe

ひっぱりうどん

材料

（1人分）
・うどん乾麺…好きなだけ
☆サバ缶（水煮）…1缶
☆納豆…1パック
☆しょうゆ…お好みで
☆ネギ…お好みで
☆卵黄…1個分

作り方

1 ☆を混ぜてタレをつくる
2 茹でたうどんと絡めたら完成

山形出身の友だちに
教えてもらった
サバ缶を使ったうどんレシピ!!
簡単なのに美味い！

第11話 ツナ缶でお手軽マグロ生活！

マグロ…
それは不動の
人気を博す
お魚の王…
(個人的見解です)
小学生の頃
母の日の
プレゼントに
小僧寿しの
マグロづくしパック
買ったことある
500円のヤツ
喜ばない人は
いないはずだと
信じてたから
赤いしね
(？)
Mothers Day
年始に豊洲で
開催される
「マグロの初競り」は
ニュースにも
なるくらい
盛り上がる
スーパーにもほぼ
必ずあるマグロ
マグロ
子どもも大好き
マグロ〜♡
いーなー

マグロは赤身魚‼
栄養豊富な青魚で
実は…
DHAの含有量はお魚の中で
マグロがトップクラス‼
どんなもんでぃ‼
え
そうなの⁉
まぁ厳密に言えば
あんこうの肝とか
スゴいんだけど
一般的に出回ってる
お刺身の中でって
話ね。
あーね
鉄やビタミンが
豊富なうえ
お刺身で
食べやすい
低カロリー
高タンパク質で
積極的に
取り入れたい
トロとかは
カロリー高め
そういえば妊娠中は
マグロって控えたほうが
いいんだよね？
?
マグロ類や
深海魚には
「メチル水銀」
っていうのが
蓄積されててね
メチル水銀
安心して
ほしいのは
ヒトが食べても
体外に排出される
んだけど

参考：「PREZO」、厚生労働省HP

胎児は母体から取り込んだ水銀をうまく外に出せないの
ハ〜 エエ湯ですわ
だから妊娠中は注意が必要
キハダマグロやビンナガマグロは妊娠中でも気にせず食べてOKっていわれてるよ
含有量少ないらしい
へー なるほどね
生まれてしまえばこの有様ですよ
フッ
マグロおいっしー
ちゅなうんまい
オレの分…
そんなマグロも缶詰で気軽に食べられる!
缶詰偉大!!
シーチキンファンシー
シーチキンファンシー
ちなみに大人になるまでマグロ＝ツナ缶って知らんかった
シーチキンマイルドがカツオなのも…
誰か教えてくれよ…
恥ずかし

参考：厚生労働省HP

中身の形状にも種類があるよ
フレーク
シーチキンLフレーク
Hagoromo
チャンク
シーチキンL
Hagoromo
フレークは砕き肉 サラダや和えものに便利
チャンクはほぐし肉（一口大のカット）存在感◎
私はゴロッとしたチャンクが好き
他にもあるよ
野菜スープ調理のものは脂質も低くてヘルシー
オイル漬けは
リノール酸豊富でコクあり
オイル
野菜スープは
サッパリ
ノンオイル
でもオイル漬けの旨味もサイコ～
もぎゅ
ピーマン嫌いな息子もツナピーマンにしたらもりもり食べるんだよねぇ
ツナとピーマン千切りを3分チンしてごま油と鶏ガラスープの素（顆粒）を和えるだけで完成♡
おかわり♡
ごま油
鶏ガラスープ

※「シーチキン」は、はごろもフーズ株式会社の登録商標です。

盛り盛り爆弾丼

盛り盛り爆弾丼

・マグロ
・納豆
・オクラ
・山芋
・サーモン
・イカ
・ネギ
（好きなだけ）

に、卵黄と海苔と
しょうゆをかけて
ごはんとまぜて食べると
至福の味わい

トマトツナそうめん

トマトツナそうめん

・トマト　1個
☆ツナ缶　1缶
☆にんにくチューブ　1cm
☆味の素　2振り
☆塩こしょう　1振り
☆めんつゆ　お好みの量
・大葉　10枚
・そうめん　4束

①トマトを小さくカットして
☆と混ぜあわせて冷蔵庫へ
②そうめんを茹でて盛りつけたら
①と大葉をかけて、
めんつゆをお好みで足して完成

夫
これは夫が高知で
釣ってきたビンナガマグロ
めちゃめちゃ旨かった

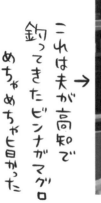

夫婦の共同作業でマグロの解体ショーするとはな…

osakana recipe

自家製シーチキン

作り方

1 マグロにまんべんなく塩をふり、10分置く

2 水分が出たらキッチンペーパーでしっかり拭く

3 小鍋にマグロを入れたら☆と好きなハーブを投入

4 油をマグロが浸るくらい注ぎ中火で加熱する

5 沸騰したら超弱火にして10分、裏返して10分煮詰める。粗熱が取れるまで置いたら完成

材料

（4人分）

・マグロ…500g

・好きな植物油…適量

☆にんにくスライス…3片分

☆粒こしょう…10粒

☆ローリエ…3枚

・ハーブ…お好みで

・塩…適量

ローズマリーやフェンネルなど
好きなハーブでつくってみよう
1週間で使いきって！
油は他の料理に活用できます♪

第12話 何にでも使える便利なシーフードミックス

ママ〜〜〜おなか空いた
なんか食べたーい
ぴこぴこ
まま〜
ハッ
もうお昼か!!
ガパッ
すぐなんかつくるね〜
ガラ…ン
買い出しするの忘れてた…
ママー
調味料しかねぇ
お好み焼き粉はある…
ゴソッ
お好み焼粉
お手伝いできる人〜
あいっ!!
はーい
はいはい

こんこん
こんこん
タハーッ
ぼくもー
まじぇ
まじぇ～
左手
出さないよ
ザク
ザク
ザク
ん
パパラパッパラ～～
それでは
ご登場
シーフードミックス～
ホー
おぉ
ガサッ
これさえ
入れときゃ
まちがい
ないからね
ザバッ
ガサ
フーン
まじぇ
まじぇ～

シーフードお好み焼き
じゅわー
ハイハイ 離れて
フーフーして 食べなね
2枚目
じゅー
あぐ
ハホッ
あぐ
うんまぁい
あぐ
エビ
アサリ
イカ
カリウム
鉄分
タウリン
亜鉛
タンパク質
ビタミンE
などなど
シーフードで あっさりした
バランスよく 栄養も取れて 旨みもたっぷり
お味
うーん よき
ごろ ごろ

チャーハン
チャンポン
まじで何に入れても美味しく食べられて便利
シーフードカレー
アヒージョ
焼きそば
シーフードミックス
アヒージョみたいな具がメインになるヤツは大きめの冷凍エビを追加しちゃう

1Kg
シーフードミックスはゴロッとしたヤツを
冷凍エビも大粒を買うよ

チャーハンやピラフ
お好み焼きには
スーパーで売ってる
小粒のシーフード
ミックスが合う
んむ
食感を
ジャマせず
旨味は
確か…
あと
子どもが
食べやすい
ハグ
ハグ
うまーー
海苔
かけると
よき
シーフード
和風パスタ
バターで
にんにくを
炒め
しょうゆと
めんつゆで
シーフード
ミックスを炒める
パスタと
からめて
シーフードミックスは
商品によって
エビ・イカ・タコ
ホタテ・あさり
ハマグリなど
具材も
様々～
好みに合わせて♡

osakana recipe

簡単 魚介たっぷり 辛トムヤムクン

材料

（3人分）
・水…600㎖
・ナンファーのトムヤムペースト
…大さじ3
・シーフードミックス
（エビとイカ）…適量
・ぶなしめじ…100g
・パクチー…お好みで

作り方

1 沸騰させたお湯に
トムヤムペーストを投入
（辛いのが好きな人は量を増やそう）

2 材料を全部投入して煮込んだら完成

究極に簡単なヤツですが
美味すぎてカルディコーヒーファームで売っている
ナンファーのトムヤムペースト
すでに４本目です。
トムヤムクンの酸味がいける人は試してほしい

第13話 夕飯の一品に助かる！ 魚肉加工品アレンジ術

休日
ち～たぁん
こっち だよーん
全く子ども たちはカワイイ なぁ～
ズズ…
フウ
おやつ 考えるの めんど くさいなあ…
ハア…
そろそろ おやつの時間… ホットケーキは 昨日つくったし おにぎり…も 朝食べた 甘いものは最近 食べすぎてるから できれば 甘くなくて栄養 あるもの
うーむ
ママーーー おなかへった
おなか ピコピコ よお…
あちしも
ぐぅ

ジャーンッ
魚肉ソーセージ〜!!
わーい
バナナの次にラクなおやつギョニソ
賞味期限は長いし常温OKなの有能
思考停止した時のおやつに持ってこいだよね
半分ずつお食べ
タンパク質・カルシウムも豊富だし食べごたえあってマジ優秀
DHA入りとかもあるよね〜
もく
もく
もっもっ
一手間加えればちびたろの大好きなアレにもなるよ
アレ?

ホットケーキミックス150gに牛乳120mlとマヨネーズ大さじ1でのばしてタコ焼き器へ
じゅっ
ポチ
ギョニソを入れて〜
くるくる焼いて爪楊枝をさせば…
ふわぁ〜
ミニアメリカンドッグの完成
ケチャップお好みで♡
美味しくて食べすぎちゃうのが玉にキズ
パク
パク
うめー
うみぇー
パク
ギョニソだけでなくちくわやはんぺんも有能
じゃん
はんぺん
3本入

すぐそのまま食べようとすな
ちくわムシャア
うまー
えー
フライパンにマヨネーズをひと回し熱して
ニュオッ
ちくわを炒めて青海苔をかければ
いそべあげ風ちくわ炒め
チーズを入れたちくわをにんにく・しょうゆ片栗粉で和えて炒めれば
からあげ風チーちく
酢の物に入れたりうどんにトッピングしたり便利すぎ
はんぺんはおでんくらいしか思いつかないけど
のんのん!!
チッチッチッ

はんぺんは潰《つぶ》して
具を混ぜてお焼きにすれば
可能性無限大♡
ツナマヨしょうゆ焼
大葉&エビ
コーン&チーズ
片栗粉を
ちょっとまぜてね
おやつとおつまみにピッタリ!!
魚肉練り製品のアレンジレシピ
わーい
からあげ風チーズちくわ
コーンチーズはんぺんおやき
いそ辺焼マヨちくわ
ネギツナマヨはんぺんおやき
ねりものは
低カロリーで
高タンパク質なうえ
カルシウムも
豊富なものが多いよ
塩分だけ
気を
つけよう

osakana recipe

子ども寿司

材料

（2人分）
- ごはん…お茶碗２杯分
- 魚肉ハム…１個
- はんぺん…1/2枚

☆卵…2個
☆白出汁…小さじ1
☆砂糖…小さじ２
- マヨネーズ…適量
- 魚型…1個

作り方

1 魚肉ハムは薄切りにして魚型で抜いて両面を焼く

2 はんぺんはマッシャーで潰して☆とよく混ぜる

3 熱したフライパンに2を流し入れ、蓋をして弱火で蒸し焼きにする

4 焼けたら粗熱を取って魚型で抜く

5 ごはんを握ってマヨネーズをお好みでかけて1と4を別々にのせたら完成

お寿司を食べたい２歳児に
つくったら大喜びしてくれた
お寿司（概念）です。
丸大食品のNewバーガー（魚肉）だと
スライスして型抜きしやすい

第14話 常備しておきたい「あさり水煮缶」

幼少期、祖父母宅のすぐ近くの海ではあさりがよく捕れた
じゃりっとした
砂抜き甘かったかー
ズズ…
現在はというと…
あさり…捕れなくなったなぁ
ほり…
いないねぇ…
ねー
実は年々あさりの漁獲量は減っている
活きあさりはスーパーでも買えるが…
お前…こんな所でしか見れなくなったのか
たらふく食べたい時はもっぱら冷凍あさり
むきあさり
ガサッ
殻付あさり
活きあさり
たくさん入ってんのよね

あさり水煮
すぐに使えるむき身
というわけでこれですよ
ジャ〜ン
今あさり高いからねぇ
冷凍あさりでもいいんだけどこの「あさり水煮」缶は常温でいいし量が丁度よい
♪
ドボッ
シチューつくる工程にコレを加えるだけで…
ハイ!! あさりのクラムチャウダー完成!!
ドーン!!
おいっしぃ〜
大好きぃ…
ホワ…
パク
パク

あさりは旨味が強くて
パスタやみそ汁、
炊き込みごはんにしても
主役になれる
そして
あさりに多く含まれる
「コハク酸」はスゴい
力を持ってるよ
日常生活では
耳にすることのない
「コハク酸」は
旨味成分であるだけ
じゃなくて
・冷え性改善
・美肌効果
・脂肪燃焼効果
…などなど注目度の
高い効能が
あるらしい
化粧品にも
使われてたり
するよ!!
プリッ
ポカ
ポカ
カルシウム
亜鉛に鉄など
ミネラルも
たっぷり、、
どんな
もんでい
エッヘン

参考：小林食品「和食の旨み」HP

ちなみに「しじみ」や
「牡蠣」にもコハク酸は
多く含まれてるから
積極的に
取り入れたいね
酒のみすぎんなよ
しじみの「オルニチン」は
肝臓に
良いと
されていて
二日酔いにも
効くぞ
ズ…
ほ〜ッ

わが家では
クラムチャウダーが
子どもにも
大人気だけど
味濃くて
うまー
なんちゃって
クラムチャウダー
出汁が効いてて
めちゃ旨い…
あさり缶みそ汁
私は
たまに殻つき
買ってきて酒蒸し
するのが大好き♡
うんめー
グッ
簡単で
旨みたっぷり
あさり出汁
(575)

osakana recipe

冷凍殻つき あさりの酒蒸し

材料

（4人分）

・冷凍殻つきあさり…20個
・にんにくチューブ…1cm
・しょうがチューブ…1cm
・オリーブオイル…大さじ1
・日本酒…50mℓ
・しょうゆ…小さじ1
・青ネギ（小口切り）…適量

作り方

1 フライパンにオリーブオイルをひき、熱する

2 1に、にんにくとしょうがを投入し炒める

3 香りが出たら凍ったままのあさり、日本酒を入れて5分ほど中火で蒸す

4 蓋をあけてしょうゆと青ネギをかけたら完成

殻が硬いので
できればステンレスのフライパンで。
フッ素加工のフライパンなら
クッキングシートを敷こう。
なんちゃってだけどなかなか美味い

第15話 濃厚！ やみつきになる広島名物・牡蠣レシピ

参考：味の素、ふるなびHP

じゅーーー…
牡蠣といえばやっぱり…
グッ
じゅ
ぱく…
…と開いた牡蠣にゆずポン酢をかけて食べるのが最・高ッッ!!
ホヤァ
その次が酒蒸し!!
くつくつ…
アッアッ焼きがき最強
アツアツしか勝たん
プリィ

牡蠣大きいし
調理のハードル高い
と思ってる方には…
むき身がオススメ!!
パァーン
むき身
生かき
スーパーで
売ってるのは
この状態が
多いよね
わー
じゅわっ
カキフライ
ホワァ
カキグラタン
ぐつぐつ
旨辛カキチゲ
毎年広島・福岡の他、漁業してる京都の友だちからカキ買ってる♡
色々あるんだけど
私が推したい
牡蠣むき身
レシピは…
ギュ
ふわっ
カキ入りお好み焼き

カキのオイル漬け

日持ちして
汎用性《はんようせい》も
高くて
めちゃ便利
うひょ〜

①加熱用むき身に片栗粉をもみ込み

②3％濃度の塩水で片栗粉を洗い流す

※真水を使うと旨味が逃げるから気をつけて

③1〜2回塩水を変えて、綺麗になったらキッチンペーパーで水気を取る

④フライパンにオリーブオイルをひき強火で優しく炒める

じゅわ〜っ

⑤身がプリっとして水分がなくなったら

プニョ
プリ

⑥にんにく
鷹の爪
ローリエ
ローズマリーと
オリーブオイルを
ひたひたに

ビッシリ

んも〜〜〜っ
これが旨味を凝縮して
美味いのなんのって!!
ギュッ
2週間ほど日持ちするし、
オイルも料理に使えるぞ!!
要冷蔵!!
カキのお好み焼き
オイスターペペロンチーノ
オイルと一緒にバゲットに
乗せてもオシャレ
私はミニお好み焼きに
1粒まるっと身を
入れるのが超お気に入り
子どもも食べれる♡
岡山六朗兵衛商店で買う。
毎年冬になると
まあまあの量買うぞ
Happy Valentine's Day!

osakana recipe

牡蠣のオイル漬けミニお好み焼き

材料

（4人分）
・牡蠣のオイル漬け…８粒
・豚バラ…100g
☆お好み焼きのタネ
…通常サイズ３枚分
（☆は各メーカーの
手順通りに用意する）

作り方

1 オイルをまとわせたままの牡蠣をフライパンで焼く

2 牡蠣１粒分がかくれるくらいのお好み焼きのタネをかける

3 2の上に豚バラを並べる

4 中火で５分くらい焼いて、端がかわいてきたら裏返す

5 軽く押して、豚バラがカリカリになるまで焼いたら完成

大人はソースに
一味もかけて食べてほしい!!
これほんと好き♡
具材は天かすや紅生姜など
好みで色々入れても楽しい

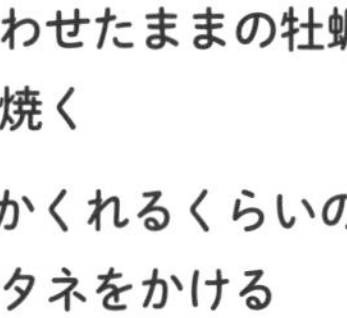

第16話 プリとろ美味しい北海道産ホタテを味わう

お寿司にのってるコレ
もってり
ホタテ（貝柱）
プリッ プリ!!
よく考えたらこのサイズが貝柱ってことは…ホタテってデカい貝だな？
存在感
おいちいね
この巨大貝柱のおかげで上手く泳げるらしいぞ!!
パク パク パク
ホタテ貝は丸ごとバターしょうゆで炒めるのが最高
罪な味よ〜♡
貝柱をアヒージョに入れたりフライにしたりシチューに入れても
美味い!!!
ザク
じゅわ

ホタテの貝柱はシンプルで使い勝手よくて、冷凍でも売ってて…サイコ～
んぐ
んぐ
ドサ
ふるさと納税で北海道のをドサッと買ってるよ
冷蔵庫でゆっくり解凍がよき
使いやすいうえに栄養もしっかりあるのよ…
タウリン含有量
カキ
ホタテ
あさり
牡蠣に次ぐ豊富なタウリンに高タンパク質で低脂質!!
ホタテの貝柱1～2個で大人が1日に必要な量のタウリンを摂取できるらしい
こんなシンプルで甘みのある美味しい貝柱から…
ジュ～ッ
ザク
うま
うま
フライにすれば子どもたちも食べやすい
美味しく食べて～

参考：北海道漁業協同組合連合会HP

ホタテが手軽すぎて毎朝1粒だけ冷蔵庫に移して解凍して刺身で食べてる
わさびじょうゆ合いすぎ
プリとろ
んま
ズルい
そういえば牡蠣といえば広島だけどホタテは本州で取れるって聞かないね
ホタテはほぼ北海道産だからね
7割とか?
全国漁獲量のうち99%が北海道だよ※
強《つよ》っ
養殖は青森もがんばってるよ
水温が高すぎても低すぎても死んじゃうから生息できる海域が限定されるんだねぇ
へ——っ
海中に吊るしたり海底に放す方法で育ってるヨ
これは垂下式養殖

※天然の場合。参考：食品データ館HP

ダイエットにも良い食材だよね
ちょっと食べすぎても罪悪感なーし
手に入りやすい！料理しやすい！高タンパク質！
コンビニとかにもあったらいーのに
鶏ムネとかと同じ扱いで…
あるでしょ
コンビニで売ってる貝ひもとかホタテでしょ
こんなの
え!!
照っ
めっっちゃ好きで独身時代、1日2袋くらい食べてた…
あれホタテだったん…
さすがに食べすぎ
おつまみとしてホタテ商品もたまに出てるよ
イレギュラー商品…
もっと定番化してほしい～
うんめっ
そしてまた冷凍ホタテを解凍する日々…
ガサッ
じっ

お刺身
プリップリのお刺身も最高なんだけど…
塩かしょうゆで…
天ぷら
天ぷらやフライにしても甘みがよく出て美味しぃ～
ハフ
ハフ
私は刺身やお寿司など生食派！濃厚で美味♡
オレは加熱派！揚げ物やバターしょうゆでギュっとした旨みが良き
ぼくも加熱派！シチューやカレーに入っているとパクパク食べられる

osakana recipe

ベビーホタテのバターしょうゆ

材料

（2人分）
・ベビーホタテ…10粒前後
・バター…15g
・しょうゆ…小さじ1
・塩こしょう…お好みで

作り方

1 フライパンにバターを中火で溶かしベビーホタテを投入する

2 両面しっかり焼いたら、しょうゆをまわし入れて完成
お好みで塩こしょうをふっても◎

ド定番なんだけど
ベビーホタテは結局
これが一番美味い

旬魚のごちそう帖

春

osakana ouchi gohan

目張《めばる》
メバルは冬から春にかけてシーズンで良型がよく釣れるよ
息子の好物♡
やわらかい身質で上品な味わい
わー…
メバルを釣ることをメバリングというよ
メバルLOVE
HIT!!
鰆《さわら》
書いて字のごとく春のお魚サワラ
やわらかく塩焼きにするとふっくらする
サワラは西京焼きが有名!!
わが家は米みそでつくっちゃう
ちょい大変だけど美味
足が早いのでお刺身はすぐ食べよう

鯛《たい》
春に釣れる鯛は
桜鯛と呼ばれ
キレイな桜色を
している
蛤《はまぐり》
お祝いの席によく
登場する
はまぐりのお吸い物
ピタリと
合う
2枚貝に
仲良し夫婦
への願いが
込められてる
とか
イカー
モンゴウイカ
(コウイカの一種)
厚みと甘みのある
身質で天ぷらに
合う!!
塩で食べると
甘みが引き立つ
サザエ大好き
お刺身も美味しい
けど網焼きで
しょうゆたらして
食べるのも
最高
日本酒と
くるりん
コリコリ食感♡
栄螺《サザエ》

鱸 すずき
デカいヤツは1mくらいあるぞ
別名シーバス
スズキも夫がよく釣ってくる使い勝手のよいお魚
私が釣りました。
フライにしても良いし昆布じめ、塩焼きなどなんにしても美味
夫の実家のネコの食いつきめちゃ良い
ニャー…ッ
洗いにして梅肉ソースで食べても美味い
流水で軽く洗い、氷水に10分ほどひたしてしっかり水気をとったら完成!!
洗いは臭みが取れて身が引き締まる
穴子 あなご
穴子飯・煮穴子など濃い目のタレも合うけど塩で食べる穴子の天ぷらも最高～!!
上品でフワフワの食感
あっさりして
うま

鱚《きす》
キスの天ぷら
サクフワ
ホクホクで
永遠に
食べられる
キスは昼間に
ファミリーフィッシングで
狙いやすいお魚
真鯒《まごち》
私の大大大好きな
お魚!! 天ぷら
唐揚げ・ちり鍋
にも合う♡
薄造りに
ポン酢ともみじ
おろしも最高
スルメイカ
イカ飯に
するなら
やわらかい身質の
スルメイカが合う
お祭りの
イカ焼き
美味しい
よね〜
うまー

わたりガニ
身入りの良いオスは
夏〜秋にかけてが旬
(メスは冬)
安価でスーパーでも
手に入りやすいので
旬にぜひ食べてほしい
ヒレで
上手に
泳ぐよ
鯖《さば》
秋ザケは産卵のために
戻ってきた白ザケの
こと！さっぱりとした
味わいが特徴です。
春の産卵期を
終えて再び
よく食べ脂肪をつける
秋のサバ!!シンプルに
塩焼きで美味しい…
しめサバ
大好き…
ぐぅ
いわずもがな
大人気の魚
鮭《さけ》

参考:『からだによく効く旬の食材 魚の本』(講談社/2013年刊)

旬魚の
ごちそう帖

冬

osakana ouchi gohan

「若返りのビタミン」
といわれるビタミンE
豊富なブリ
お刺身にした時の
この血合いに
タウリンが多く
含まれていて
血圧の上昇を抑制
したり肝機能を向上
させる働きを持っている

参考：健康管理食ジョイントHP

鰤《ぶり》

鱈《たら》

脂肪の少ない白身魚で
消化しやすいため子どもの
離乳食づくりにもオススメ
クセがなくあっさりした
淡白な身質なので
何にしても美味い!!
身がやわらかいので
ホイル包み焼きや
フリットにしても♡

冬はブリしゃぶ
タラ鍋…
どっちも
美味しい

笠子《かさご》
カサゴもよく釣ってくる男
カサゴ大漁〜♪
根魚
（岸近くに住むお魚）
でもあるので割りと
身近なお魚。よく釣れる
身が締まっていて何にしても
美味しいが、大きいサイズは
塩焼きでプリッと感を味わいたい
ガフ
ガフ
かぶりつくぞ
棘が多いので
ハサミでカット
して丸ごと
唐揚げにしても♡
カレイ
色んな種類がいる
けどスーパーでよく見る
「ムシガレイ」は
煮つけが美味
左向きがヒラメ
右向きがカレイ
（※ヌマガレイなど左向きもいる）
ヒラメ
お刺身やお寿司で
有名なヒラメの
「縁側」は脂がのってて
美味しい〜!!

地域によって
お魚の旬は時期が
違ったりも
するけど
基本どのお魚も
一年中楽しめる
たくさん
獲れる時期は
安くなったり
するからうれしい
ししゃもが一尾10円の
時は山ほど買うよ
こんもり！

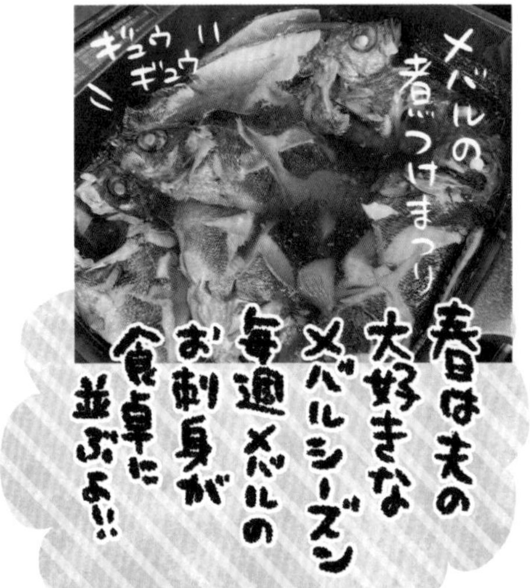
メバルの煮つけまつり
ギュウ
ギュウ
春は夫の
大好きな
メバルシーズン
毎週メバルの
お刺身が
食卓に
並ぶよ!!

夏が旬の
スズキ！
一匹でたくさん
食べられるので
家計に嬉しい
お魚♡

秋はアオリイカ
釣りまくりの夫
買うのと釣るの…
どっちがお金かかって
るんだろ？と思う
ときもあるけど
趣味を兼ねてる
から無問題!!

夢中で
全部食べてた。
あぐっ
冬は
管理釣り場で
釣れる川魚も
オススメ！
子どもの
釣りデビュー
にも!!

夫の一年

春
じゃっ
タイとメバル釣ってくる!!
夏
じゃっ
スズキとかマゴチ釣ってくる!!
秋
じゃっ
イカとかアジ釣ってくる!!
冬
じゃっ
メバル釣ってくる!!
※メバルが大好き
飽きないなーー

第17話 思い出のお魚・グチとコチ

子どもの頃に
よく食べていた
お魚、グチとコチ
スイム
スイム
最近はめっきり
釣れないらしい
グチとか
見んよ
叔父さん
減ったね〜
そんなある日
グチが
釣れた!!
え
うわ〜〜〜〜!!
なつかしい…
ハワ〜
身が光ってキレイ〜
うま
うま
うま
なんか私だけ
楽しむの
もったいないな〜

ちょっと実家に
持って帰っていい…？
いいじゃん
よろこぶよ
へへへ…
というわけで
切り身を少々塩水に浸し…
塩分濃度10%くらいの
塩水に30分浸ける
水気をしっかり
切って…
あみに入れて一日
風通しのよい日陰で
よく干す…
ポン
ポン
イカもついでに干す
グチの
一夜干し
完成〜〜〜
ファ〜

クーラーバッグに入れて2時間かけて福岡へ帰省
ピュ――ン
保冷剤
保冷剤
いってらっしゃーーい♡
えっグチ釣れたん‼
最近聞かんのに
母（ちかこ）
島根のほうで釣れたんだって
一夜干しにして持ってきたー
え〜〜〜〜なつかしっ
祖父がよく釣ってきてはお刺身にしてくれて夕飯の食卓に並んでいたグチ
しょうゆちょっとよー
ばーちゃん気づくかな
わくわく
わからんでしょー
← いつもタッパーに入れてくれてた

じゅう
アルミホイルで包んで炭火でじっくり焼き
じゅう
ばーちゃん食べてごらん
もぐ
なんかね この魚は…
これ なんとねー グチ
ちょっと!! しっ!!
バッ
?
これなんの魚でしょ?
じ…
当てるの めっちゃ期待しとるやん…
グチ なんかね
聞こえてた
母さんスマン
おじいちゃんが ようけ釣ってきよったねぇ
最近こっちじゃ釣れんけねぇ
昔はいつも食べようたねぇ
祖母の笑顔を見られたので グチを釣ってきた夫に 感謝である

グチは新鮮であれば刺身でも上品な味で美味しいが、一夜干しにして水分を抜くとふっくらしつつ身が締まって旨味が凝縮
めんどうな人は「ピチット®で簡単！一夜干しシート」がオススメ
ピチットで簡単！
一夜干しシート
包むだけで うまさが増大
ピチッ
開いたお魚をこのシートに包んで冷蔵庫で一晩寝かせるだけで美味しい干物ができる魔法みたいなシート
1枚あたりそんな高くないのでコスパ良し
スーパーの切り身とかでもできるからぜひ試してみてね
干物ってなんでこんなに旨いんだ。
これは買ったツボダイの干物♡

osakana recipe

コチの湯引き

材料

（2人分）

- コチの切り身…1匹分
- 水…500mℓ
- 氷水…ボウル1杯分
- ポン酢…適量
- もみじおろし…適量
- ネギ（小口切り）…適量

作り方

1 コチを厚めのお刺身にする

2 沸騰した鍋にひとすくいずつ入れ
5秒したら氷水に移す
（一度にたくさん入れると
鍋の温度が下がるので注意）

3 氷水からコチをあげ、
水気をしっかり切ったら
薬味とポン酢で！

からし味噌もいいけど、私は断然
「ポン酢×もみじおろし」派です。
追い一味もします。
子どもの頃から大好き!!

第18話 ヒラマサが好きだった海辺暮らしの祖父

私が生まれる ずっとずっと 前の話
昭和40年代
ザ ザ
白野江
福岡県北九州市門司区《もじく》
白野江《しらのえ》
宇津井商店
おとーさん おかえりー
ちひろの母（幼少期）
ただいまー
祖父
お魚 いっぱーい
祖父は生涯のほとんどを 海辺の町、白野江で過ごし
ご近所に 配ってくるよー
祖母
あたしも 行くー
はいよ
釣りをライフワーク にしていた

スパーーッ
海辺で暮らしているだけあって、祖父母の魚捌きはプロ並
スパッ
スパパパ
サッ
サッ
あっという間に穴子の下処理完了〜
はや〜
おいしーねー
グチの刺身も食べりー
現代
ま〜よく魚は釣ってきよったよ
うん うん
へーー

私が結婚するまで
ばーちゃん弁当つくって
くれよってさ
愛だね
サバをそぼろ
炒めにして
ごはんに乗せる
サバそぼろ弁当
とか覚えとるわ
マネしよ
私はグチとかコチの
刺身とタコの煮物
よく覚えとる
色々あるけど…
あと
真子《まこ》（魚卵）
炊いたのとか
シャコね
シャコなつかしい!!
よく覚えとるね！
シャコとはエビに似た
甲殻類
←こんなの

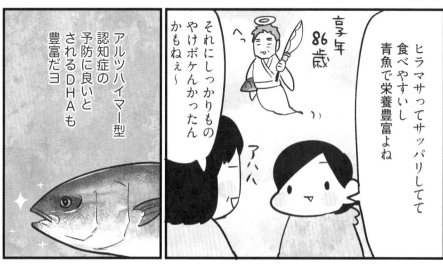

真子よく炊きよったねー
砂糖じょう油で
そうそう
見た目ビミョーなんだけど甘辛くて美味しいんだよね
米と合う
そーいえばおじーちゃんは外食が好きやなくてさ
家で食べる
でもヒラマサの刺身が大好きでよく駅市場（スーパー）で買いよったわ
ヒラマサは釣れんからねー
ヒラマサ
うどんでも食べて帰ろうやぁ
ヒラマサの刺身買って帰ろ
外出の度にヒラマサを買う男
ヒラマサってサッパリしてて食べやすいし青魚で栄養豊富よね
享年86歳
へっ
それにしっかりものやけボケんかったんかもねぇ〜
アハハ
アルツハイマー型認知症の予防に良いとされるDHAも豊富だヨ

osakana recipe

ヒラマサの薬味和え

材料

（2人分）

・ヒラマサ…片身

☆ゆずポン酢…好きなだけ

☆大葉…好きなだけ

☆小ネギ…好きなだけ

☆にんにくチューブ…1cm

☆しょうがチューブ…1cm

作り方

1 薄めのお刺身にしたヒラマサを☆で和えるだけ

上品な脂でサッパリ！
カルパッチョやたたきなど
なんでも合う

認知症予防

祖父は亡くなるまでしっかりしていて92歳の祖母もしっかりしている方だと思うそんな祖父母、まじで魚をよく食べる。

80歳なっても釣り行きよったよー
アクティブじーちゃん…

そんな祖父母を見て育ったので「魚は身体にいい」というイメージは子どもの頃からあるが実際に魚をよく食べる人は認知症リスクを低下させるという研究も※あるため、あながちイメージは間違いなさそうだ。

※大崎コホート研究

魚単体だけでなく果物や発酵食品なども取り入れたバランスの良い食生活が大切!!塩分・糖分の摂りすぎも気をつけたい。

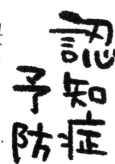

毎食はムリでも意識したい食事バランス

少子高齢化待ったなしのこんな世の中だからこそ未来ある子どもたちのためにできることって本当に健康で元気に老後を過ごし、迷惑をかけないことだと思うのであった。

できることからやってこー
ころり
ピンピン

じゅ〜〜〜っ
はぐっ
うっめ〜〜〜っっ
魚を炭火で焼いて食べるっていう行為がもう美味いよね
わかる
ハフ
ハフ
ハフ
広島にある管理釣場「フィッシングレイクたかみや」ではキャンプもできるので
釣ったニジマスなどをその場で焼いて食べられる

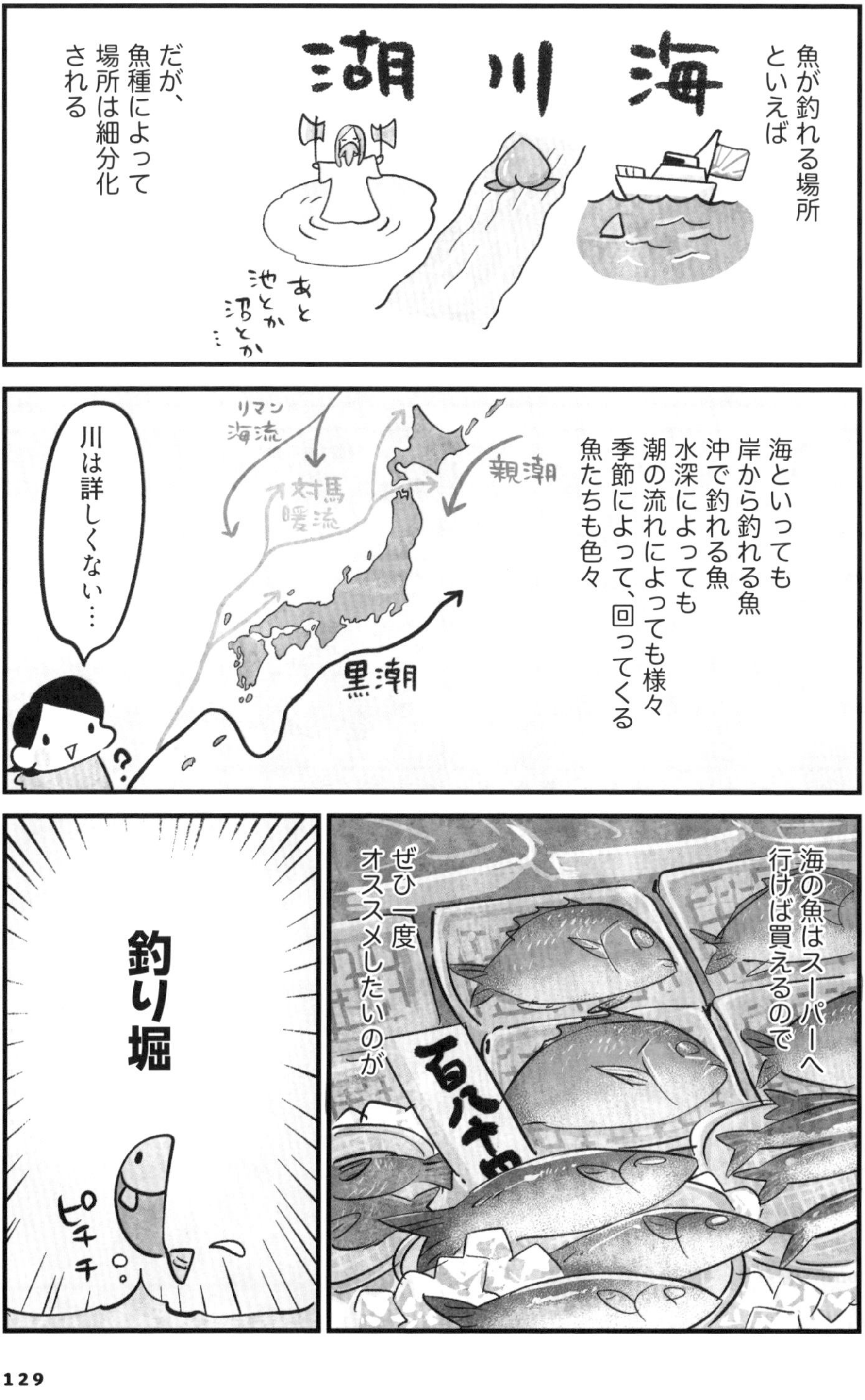
魚が釣れる場所
といえば
海
川
湖
あと
池とか
沼とか
…
だが、
魚種によって
場所は細分化
される
海といっても
岸から釣れる魚
沖で釣れる魚
水深によっても
潮の流れによっても様々
季節によって、回ってくる
魚たちも色々
親潮
リマン
海流
対馬
暖流
黒潮
川は詳しくない…
？
海の魚はスーパーへ
行けば買えるので
ぜひ一度
オススメしたいのが
釣り堀
ピチチ

釣り堀にも色んな所があるが、ファミリー向けの所は針を落として3秒で釣れるところもあるので
わーっ
釣れた!!
おお〜〜っっ
子ども、爆喜び
マスやヤマメなど釣り堀によって魚種も色々
多くの所が釣った分だけ買い取り、塩焼きなどにしてくれる
わ〜〜っ
エサ釣りでなくルアー（疑似餌）縛りの所はちょっと玄人向けなので幼児には早いぞ!!
美味しそうに見えるらしい
もし淡水魚を持って帰ったらですが
ウロコ取りちょっとめんどいよねー
これ賛否両論っぽいんだけどモチダ家ではアユ・ヤマメ・ニジマスなどはウロコ取りません
50cmオーバーのマスとかなら取るかもだけど…

内臓取ってー
ポイ
NAIZO!!
ぬめりは塩でこすり洗いしたら取れる
サッ
サッ
夫は丁寧な性格なのでよくウロコをキレイに取ってる
ウロコちっちぇ~
マメだねぇ
バリ
バリ
そのまま塩焼きするのも良いけど
AYU
YAMAME
私のオススメは断然干物!!
程よく水っぽさが抜けて、旨味が凝縮されて最高
ギュッ

というわけで
またもや登場
君しか
勝たん
※ピチット®で簡単！
一夜干しシート
ピチーーーッ
一晩寝かせたコヤツを
ウィーーーム
オーブンで焼けば
ふぁ〜〜っ
ふわっと
しつつも身に
弾力が生まれ
最高の一品に!!
てかまぁ、ほとんど
サケです
色が
うっすい
鮭
キリッ
※ニジマスはサケ科(目)
サケ亜科サケ属
スーパーで見る
「トラウトサーモン」は
海水環境で養殖した
ニジマスのことだよ
チリやノルウェーで
養殖されてるヨ

※120P見返してね

参考：水産研究・教育機構HP

osakana recipe

一度はやりたい
川魚の炭火焼き

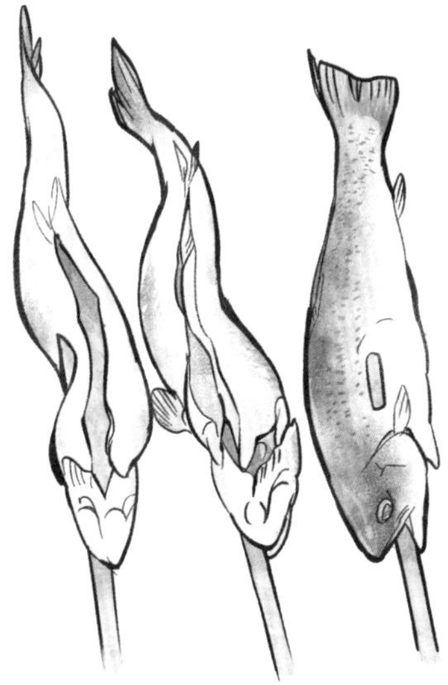

材料

（4人分）
・好きな淡水魚…４匹
・塩…少々
・炭火…適量
・竹串 or ステンレス串
…4本

作り方

1 お魚は下処理して塩をすり込み10分置く

2 水分を拭き取り、
ヒレに塩をしっかりつけて串にさす

3 網にナナメにさして、
炭火でじっくり両面焼いたら完成

キャンプセット持ってたら
できちゃう
憧れのお魚の串焼きです。
かなりワクワクできるのでぜひ

子どもの頃から大好きなカツオのたたき
今日カツオじゃんっ!!
お〜
うまそ〜
スーパーで簡単に手に入るのうれしいよねぇ
大体どこのスーパーにも置いてるし
うんうん
まぁふるさと納税でも買うんだけど
高知県産藁焼きカツオ
スッ
好きだねぇ
高知で食べた味が忘れらんないんだよ〜
くぅぅぅ…
わかる

実は結婚して半年くらいの頃…
高知で釣りしてくるわ
私も行ってみたい
高知行ったことない!!
えっでも早朝の4時には出船して丸一日オレいないよ
全然平気やわ
ソロ観光しとくね!!
大丈夫かな…
心配…
まじで一日中高知巡って最高だった
足摺岬に日の出を見に行き
すげ〜
佐田沈下橋で記念写真を撮り
うお〜!!
本物や〜!!
コエ〜!!
黒潮町のTシャツアート展やマルシェをまわり
すご〜
海で遊んだ
キモチー!
17時に帰港した夫と有名な「ひろめ市場」へ
ひろめ市場
食
楽
ワク
ワク
そこで食べたできたてのカツオの藁《わら》焼きに
うっめぇえええ
何コレェエエ
超感動
ふぁ

てか塩で食べんだ⁉
めちゃ美味いな⁉
本場のカツオのたたきは塩で食べる‼
高知
カツオは春になると
高知の黒潮を北上
これを「初ガツオ」という
わ〜
秋になると
北から南に戻ってくる
そしてこれが
「戻りガツオ」
初ガツオの約10倍の
脂肪量がある
初ガツオはさっぱり
戻りガツオは濃厚
といった味のちがいが
楽しめる
でっぷりして戻ってくるヨ〜
カツオの素晴らしい
ところは、刺身でも
焼いても旨いのに
燻《いぶ》して
カツオ節が
できるとこ…
出汁にしてよし
ふりかけてよし
おにぎりの具にしてよし
和えてもよし

そのうえで栄養満点
カツオ万能すぎん？
鉄分
マグネシウム
銅
亜鉛
ビタミン
B1 B2 B6 B12
ナイアシン
その他もろもろ
ぜひともお刺身で余すとこなく食べたいですな
カツオは香り高くて新鮮なものなら血合いのクセもあまりないから
うまーっ
お刺身でも栄養の多い血合いまでパクパク食べられるのがうれしい
パク
パク
血合い
スーパーで売ってるのは血合い取ってることが多い
焼くレシピもやろうと思えば色々あるんだけどさ…
カツオステーキ
カツオカツ
カツオ角煮
カツオ竜田あげ
お刺身美味すぎてつくる気になんないのよ…マジで
本音を…
みんなそうでしょ
（偏見）

参考：かつお・まぐろぽーたるHP

カツオ節は色々な料理にめっちゃ使うよ～
私の大好きな大根のカツオ節ゆずポン酢漬け♡
これめっちゃ大好き
短冊切りした大根にカツオ節ゆずポン酢をかけて漬けるだけ
きゅうりをカツオ節塩昆布ごま油で和えたり
千切り大根にカツオ節梅干し海苔ちりめんじゃこをのせてしょうゆをたらしてサラダにするのもよし
何に使っても香りがすごくよくてまじで万能
スン
スン
いつかやりたいレシピは「藁焼き」
出来たてを食べたい。
エヘッ
ジャーンッ
ハードル高くない…？
ネットで調べたらBBQセットと藁さえあればなんとかできそう
やるか…

osakana recipe

カツオ薬味ボンバー

材料

(4人分)
・カツオ…250g
☆玉ねぎ(薄切り)…1/4玉
☆ネギ(小口切り)…3本
☆みょうが(千切り)…1個
☆大葉…適量
A　しょうがチューブ…2cm
　　にんにくチューブ…2cm
　　ゆずポン酢…50mℓ

作り方

1 薄切りした玉ねぎは氷水に浸けて30分以上置き辛味をとる

2 水気をしっかり切る

3 お刺身にしたカツオに、☆を全部のせ、混ぜ合わせたAをたっぷりかけたら完成

塩たたきも最高だけど、
子どもの頃からよく食べてる
この薬味たっぷりなのも最高♡
薬味はお好みで色々替えても美味しい♡

仕事中
ピロン
ん？
今日
洗いました。
12:30
12:30
帰宅後
なにあれ
おかえり
油汚れすっげ〜〜
ニコ…
換気扇を頑張って洗ったよアピールです
ありがとうね…
わが家はまぁまぁの頻度で揚げものをする
えっ今週も大漁じゃん
何にして食べよ
エヘ♡
お〜っ
めしら
一体何になるんじゃろか…

フライなら子どももパクパク食べられて弁当にも入れられるから揚げるか～
ワッ
揚げもの大好きズ
スチャ
油
換気扇
がんばって換気してくれよな
またですか…
切り身にしたら塩コショーをふって
小麦粉とポリ袋に入れてフリフリする
フリ
フリ
案外小麦粉はちょっとでいいんだよね～
小麦粉
卵液に浸けて
とぷっ
パン粉をまぶして
ポン
ポン
常にパン粉は2袋ストックあるわが家…

170〜180℃で
キツネ色になるまで揚げる!!
じゅわあっ
カラッ
まずは何もつけず…
ザクッ
熱々は大人の特権
うっっっまぁ
プシッ
Beer
ソースつけても美味
ウスター
ブルドックソース
ヨシダソース

色んなお魚をフライにしたけど
メバル
サバ
カサゴ
スズキ
タイ
アコウ
揚げ物は正義だよねぇ どれも美味い♡
味や食感に ちがいはあれど…
ホフ
ホフ
ね——
…なんて言ってたが ちょっとお高い チカメキントキを フライにした時
プリッ
じゅわっ
ホワッ
高い魚には 理由があるんや…
う… うますぎる!!
あまりの美味しさに 感動した
高級魚を フライにするのは ちょっと抵抗あるが
少しでいいから 試してほしい…
せっかくだから 刺身で…
とかなりがちだし 刺身でも めちゃ美味い けどな

またフリット食べたいなぁ
フワッ
じゅわっ
サクッ
フリットな〜めちゃ美味しいよな
うんうん
新婚時代はな
メレンゲつくったりすんのよネ
はりきってつくってたけど
ちょっと大変なのよ
新婚時代にタラのフリットをつくったことがあるが最高だった
うりゃー
今はなんとカルディにフリット粉なるものが売られてるらしい
Fritto
水で溶くだけめちゃ欲しい
買おう
キスとか太刀魚は天ぷらが超オススメ
日清 コツのいらない 天ぷら粉 揚げ上手
ここはもう素直に日清製粉ウェルナの「日清 コツのいらない天ぷら粉揚げ上手」使おう
めっちゃ美味い
揚げたて最高!!

osakana recipe

甘鯛の松笠揚げ

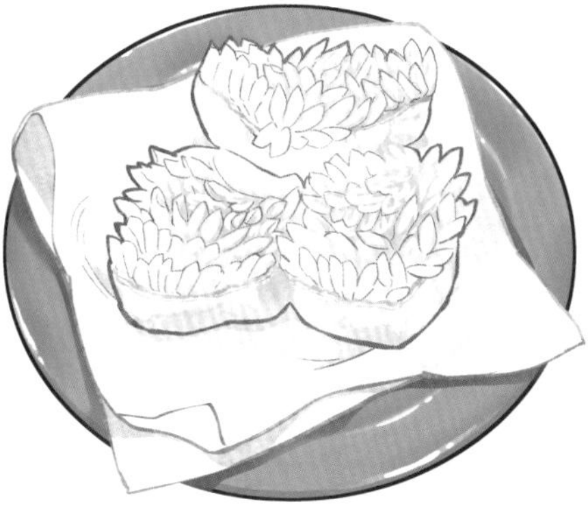

材料

（4人前）
・甘鯛（三枚おろし）
…1匹分
・サラダ油…適量
・塩…ふたつまみ

作り方

1 甘鯛はウロコを取らずに三枚おろしにし、3cm幅に切る

2 軽く塩をふって10分置き、身の水分を拭き取る

3 油を鍋底から3cmほどの深さまで入れ170度に熱する

4 ウロコ側を上にして網じゃくしにのる分だけ身をのせ、油をおたまでウロコの上からかけ流す

5 ウロコがしっかりと立ったらそのまま油に潜らせ、1分ほどであげて完成

サクサクふわふわの
不思議な食感！ 絶品です。
甘鯛が手に入ったら
是非やってみてほしい料理!!

第22話 味変で無限に楽しめるお刺身＆カルパッチョ

お刺身大好き勢の私も…
美味しくて栄養満点
刺身こそ至高…
毎週だと少し飽きることも…
釣れた～
味変するか…
しょうゆ＆わさびも良いけど
塩もお魚の甘みをしっかり感じられるし
一味
ポン酢＆一味もさっぱりして美味ぃ
薄切りの玉ねぎを氷水に浸けて…
30分くらいで辛みがとれる
薄く切ったお魚と水気を切った玉ねぎを和えて
オリーブオイル
バルサミコ酢
塩と
こしょう少々
Olive
Sio

上に混ぜあわせた調味液ふりかけて～
オシャレカルパッチョの完成～
オリーブやバジル散らしても♡
調味液は好みにあわせてハチミツやワインビネガーレモンなど、材料色々変えても楽しい
オリーブ散らしたりバジルのせるとオシャレパプリカやベビーリーフもあれば合わせてもおいしいよ～
お野菜たっぷり食べられる♡
ドレッシングで和えるとお手軽
好みの味付け探すのも楽しい～
私は柑橘系のドレッシングが好み
野菜もりもりカルパッチョ
大好きお刺身サラダ♡
刺身の味をしっかり味わいたい時は
シンプルにしょうゆや塩で

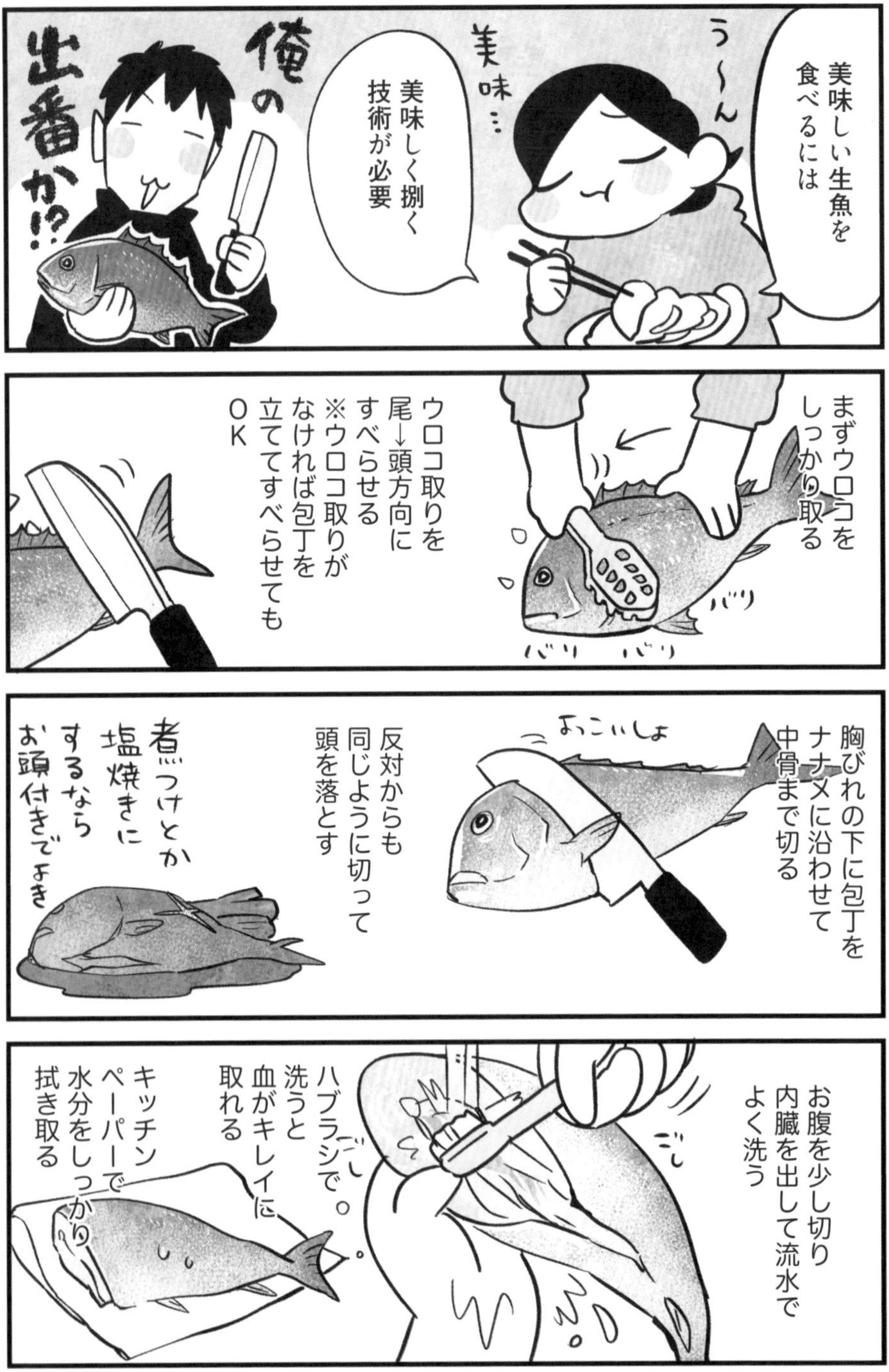
美味しい生魚を食べるには
う～ん
美味…
美味しく捌く技術が必要
俺の出番か!?
まずウロコをしっかり取る
バリ
バリ
バリ
ウロコ取りを尾↓頭方向にすべらせる
※ウロコ取りがなければ包丁を立ててすべらせてもOK
胸びれの下に包丁をナナメに沿わせて中骨まで切る
よっこいしょ
反対からも同じように切って頭を落とす
煮つけとか塩焼きにするならお頭付きでよき
お腹を少し切り内臓を出して流水でよく洗う
ごし
ごし
ハブラシで洗うと血がキレイに取れる
キッチンペーパーで水分をしっかり拭き取る

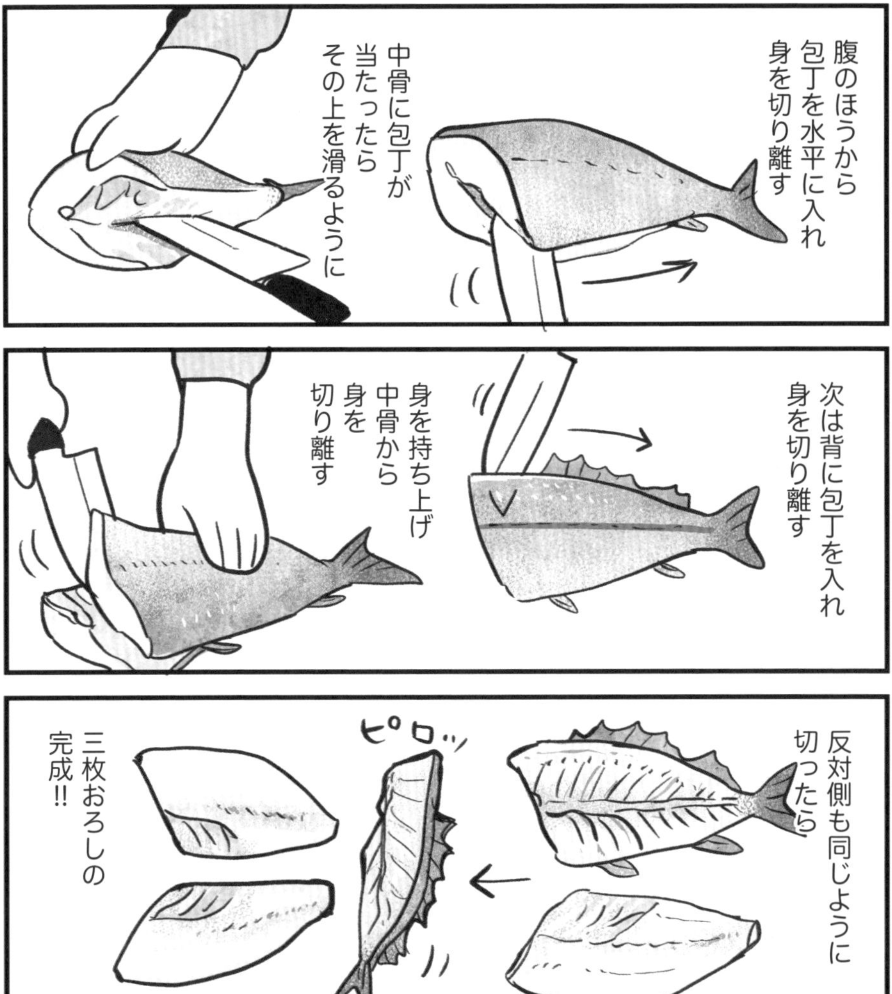
腹のほうから
包丁を水平に入れ
身を切り離す
中骨に包丁が
当たったら
その上を滑るように
次は背に包丁を入れ
身を切り離す
身を持ち上げ
中骨から
身を
切り離す
反対側も同じように
切ったら
ピロッ
三枚おろしの
完成!!
腹部分は骨が
大きいので
刃を身に
沿わせて
身と一緒に薄く
切り取ります
身の中心部分も
骨が並んでるので
切り落とします
骨部分

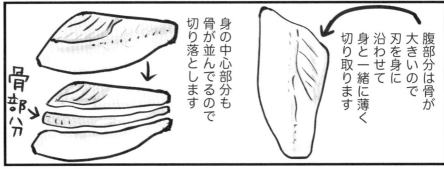

皮は尾のほうに包丁を立てて、皮を手前に引っ張って剥《は》ぐよ
ズリズリズリ
皮と身の間に包丁を立てる包丁は絶対動かさない
キレイに剥げるよ
とまぁザックリ説明するとこんな感じですが魚種によって捌き方もそれぞれなので詳しくはネットとか見るとわかりやすい動画いっぱいあるヨ
私のオススメはスーパーで柵※を買うor鮮魚コーナーで捌いてもらう!!
長々と説明したけど
プロは早くて正確!!
プロの技でパッキングまで完璧!!
夫が高知で魚を釣った時は高知の魚を加工・販売している加領郷《かりょうごう》魚舎《なや》さんで捌いてもらうよ
加工品もあって近所にこんな店ほしい～
余裕があるときは家で捌くと子どもも興味持ってくれるヨ
わー

※魚を切り身にしたり、刺身にする前に扱いやすいように切り分けた身のこと

osakana recipe

白身魚の柚子ごまポンカルパッチョ

材料

・好きな白身魚…150g
・玉ねぎ…1/4玉
☆水菜…１束
☆ベビーリーフ…ひとつかみ
・柚子ごまポン酢…適量

作り方

1 薄切りにした玉ねぎは
氷水に30分浸けて
辛みを取った後、水をよく切る

2 1と☆をお皿に盛りつけ、
お魚の切り身を並べて
柚子ごまポン酢をかけて食べる

さっぱりしていくらでも
食べられます。
ドレッシングやソースを替えて
色々試してみて

見た目がオシャレなもてなしお魚料理といえば
アクアパッツァ
私はこれを洋風煮魚と呼ぶ
洋風煮魚
急にダサい
アクアパッツァは「狂った水」っていう意味の
イタリア料理だよ
狂
物騒
食材を煮込む時に油で水分が跳ねるからついたそうな…
ピピッ
へー
まー確かに跳ねるが豆アジやイカ天揚げる時に比べればカワイイ
丸ごとのほうが出汁が出るけど子どもが食べやすいのは切り身

わが家の切り身アクアパッツァは…
白身なら基本なんでもOK〜
まず切り身に塩をふって10分置き水分は拭き取る
オリーブオイルでにんにくのみじん切りを炒めて
私は3片分くらい入れちゃう
お魚の両面にこげ目がつくまで焼く
じゅわっっ
い――い香り
水100ml 塩少々 白ワイン50ml あさり水煮缶 ミニトマト パプリカを入れて中火で10分
スープは絶対味見して!! 薄かったら塩・こしょうで味を調えるよ
味見せず2回失敗（超薄味）した人
くぴっっ
前のも美味しかったよー
失敗も「美味いよ」と食べ切ってくれる夫

イタリアンパセリをのせて…
ジャンッ
切り身アクアパッツァ完成!!
あさりの出汁も活きててうまぁ〜〜〜
ホフッ
シーフードミックス入れても美味しいんだけどさ
ごちゃあ…
もはやアクアパッツァなのか…?ってなるのよね
うーん
フルティディマーレパッツァと名付けるか
（狂った魚介類）
なんならピーマンにキノコ、ローリエも入れてる
なんでもアリ
洗うのめんどくてクッキングシートつかってる

アクアパッツァでも
アヒージョでも
具だくさん色とりどりだと
キレイだしもてなし料理にもってこいだよね〜
ぐっ…
だがあえて私は推したい
日本の
茶色〜〜…
The 煮つけを!!
なんだかんだしょうゆ好きっしょ
しょう油
日本酒
みりん
出汁…
日本の心ですな〜
おー
すきー
うんうん

白身魚は基本どれも煮つけに合うけど
スーパーで手に入りやすいよね
ムシガレイとか上品でいいよね
水100㎖
しょうゆ50㎖
みりん50㎖
日本酒100㎖
砂糖大さじ2
しょうがチューブ2㎝
を沸騰させる
切り身と白ネギを1本分並べて入れて
落としブタして中火で10分
日本人の心
カレイの煮つけでき上がり～
ネギも食す。
一度冷まして味染み込ませて再加熱すると濃くて美味
てりっっ

osakana recipe

ブリ大根

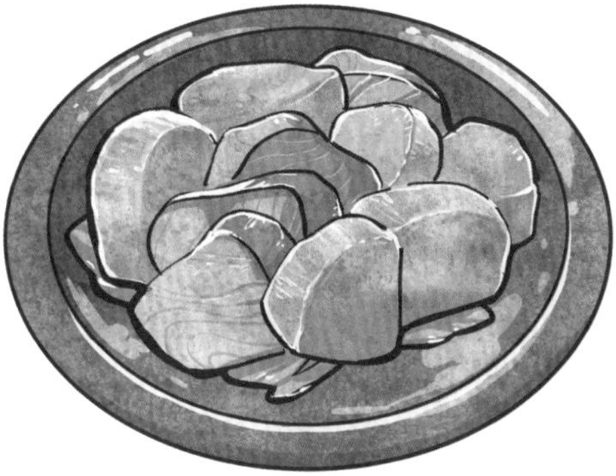

材料

（4人分）
・ブリの切り身…4切れ
・大根…800g
☆めんつゆ（2倍濃縮）…100mℓ
☆砂糖…大さじ1
☆しょうゆ…大さじ1
☆しょうがチューブ…5cm
☆水…500mℓ
・塩…適量

作り方

1 大根を2cm幅で半月切りにする

2 ブリは塩をふり10分ほど置いたら水分を拭き取る

3 鍋に1の大根を並べ、被るくらいの水を入れ湯がく

4 火が通ったら大根を取り出し、残った熱湯にブリを潜らせる

5 違う鍋に☆を入れて煮立たせ大根、ブリを投入したら、落とし蓋をして中弱火で15分煮る

6 そのまま冷まして味が染み込んだら温め直して完成

うちは一瞬で食べ尽くされるので
大根多めです。美味しくて一瞬です…。
材料はほぼ同じで、
みぞれ煮にしても美味

第24話 「魚の骨」問題を解決!? 焼き魚を食べ尽くす！

じっ……
何してんの
?
じぃ〜〜…
骨ないか見てる
パクッ
よしなさそう
フフフ
ボクもー
おいちぃ〜
プリ
プリ
焼き魚って調理はラクだけど骨がネックよね〜
じっ
サッ
サッ

焼魚モデル
めばるさん
煮るのも
焼くのも
お頭付きなら
食べるとこ
たくさんで
美味しいのよ
ねぇ
うま
うま
うま
ヒレの
周りは
身がしまって
ウマい
ほほ肉
ここ好き
母さんが子どもの頃は
身を全部食べて
残った骨を全部入れた
鯛のアラ汁が
最高だった
らしい
おいし〜
三ツ葉・ネギ
柚子皮入れると
最高〜
まさに
家庭料理
だねぇ
ただ骨を取り除いて
食べるのがめんどう
って気持ちも超わかる
ちょっと
待って
よー
まだ——？
ほじ
ほじ
うむ
骨食べちゃったら
なえるよね…

基本の食べ方はこう
① 点線部分に箸で切れ目を入れ上半分の頭側から食べ進めたら
小骨は頭側に多いよ
② 下半分の頭側から食べて
③ 尾を引っ張って中骨を剥ぎ取り
ス〜
④ 残りを食べる（小骨は中骨とまとめる）
サケとかは形によるけど身の中に血合い骨が隠れてるから
ココらへんとか
子どもにはほぐして出すか骨抜きを買うのが早いね
ホー
うめ
うま
うめ
骨とってます
昔 仕事先で出してもらったサバ弁当で骨ささってさ
んぐっ
てっきり骨抜きだと思ってた。
午後から接客業だったから30分ずっとうがいしてなんとか取ったよね
お米飲んだらいいんじゃないの？
ガラ
ガラ
ガラ

ごはん丸飲みは
もっと深くささる
可能性あるから
ダメだよ!!
昔はそんなんしてたけど!!
子どもが痛がったら
小児科につれて
いくのが最適解
ピエッ
なるほど
メモ
子どもが小さいうちは
先に説明したように
三枚おろしにして
血合い骨と腹骨を
取っちゃうのが安心だよね
わが家は大体取ってる
慣れたらピンセットで取ってもOK!!
スパッと
切り身にしたら
ムニエルや香草焼き
とかやりやすいよね
おっシャレ〜
カリッとムニエル
オーブンで香草焼き

青魚なら照焼きやシンプルに大根おろしとしょうゆとかね
食べてぇ〜
ブリの照焼き
サバのみそ煮
サンマとかなら骨を取りやすいし丸ごと焼いても子どもと食べられるね
大根おろしとしょうゆにすだち
うますぎ大賞受賞
なんかさ…私たちが魚の骨やらなんやら子どものために対策してんの
しみじみ…
親なんだな〜…って思うね…
美味しそうに食べてくれるのはうれしいよね！
へへっ
同じようにしてくれた自分の両親に感謝

osakana recipe

タラのムニエル

材料

（4人分）

・タラの切り身…4切れ
・バター…20g
・塩こしょう…適量
・片栗粉…適量
・レモン…適量
・パセリ…適量

作り方

1 タラに塩こしょうをふり
片栗粉を全体に薄くまぶす

2 フライパンにバターを溶かして
両面こんがり焼く

3 皿に盛りつけレモンをしぼって
パセリをかけたら完成

タラは身がやわらかいので
ひっくり返す時はフライ返しで
やさしくしてね

わたしの終活ノート
ピンピンコロりで死ぬのが目標
…なんだけど人っていつ死ぬかわからないよね
まじで
というわけで34歳にして、すでに終活ノートをつけてます
リビング&エンディングノート
モチダちひろ
090-
マイナンバー
免許証
保険証
口座・資産
保管場所
スマホ暗証 / 0×0-△××110
アドレス
私が急に倒れてもこれがあれば夫に任せられる
私が突然いなくなってもコレがあれば大丈夫という安心感
葬儀に呼ぶ人の範囲とか
死んだら解約してほしいサブスクとか
老衰以外で死ぬつもりはないが……
色々書き込めるから残される家族にとっても安心
ぶっそうに見えるかもしれないけど家のほとんどを管理しているため残される家族のためにも必要不可欠なものなのであーる
でもま〜死なないでね
たのむ

保育園児の頃に
よく会う親せきの
おばさんが亡くなった。
まだかなり若かった
当時はあまり理解
してなかったけど
なんとなく人は突然
いなくなることもあるん
だと漠然と思ったことを
覚えている。
若い頃は
「死」について
考えることも
ほとんどなかった
けれど出産
してからの
30代…
ママ
ママ
ギュッ
いま私が事故に
あったら子どもが
道連れに…
街中
歩き
タバコ
注意したら
逆上されて子どもに
危害が及ぶかも
…離れよ
サッ
私がもし
入浴中に気を
失ってしまったら
2人ともパニック
になるよね…
ホコ
ホコ
ママが急に
眠っちゃったら
直ぐにこのボタン
押して風呂のお湯
抜いてね
なんで?
つぶちゃんまだ
自分でお風呂
あがれなくて
溺れちゃう
からさー
子どもを
「死なせない!!」と
毎日考えて
いるとおのずと
「自分の死」とも
向き合う
ように
なって
いった。

公共交通機関を使ってる間も……
事故にあった場合子どもたちの生存率を最も上げる方法は…
くもー
とか物騒なことを考えてしまう。
そんなことばかり考えていたら
「私が死んだ場合」
に行きつくのである
葬儀について
延命処置・告知について
お…おう…
というわけで脳死した場合のことや葬儀についても詳しく書いてるから
まじで人はいつ死ぬかわからん
私が急死・もしくは意識不明になっても家族ができるだけ現状維持の生活を送れるように…そのための終活ノート
家族の証明書や母子手帳の他に通帳・保険証券などの場所をメモっておける
生きてる時も助かるノートだから「リビング&エンディングノート」っていうの買ってる
お守りみたいなもん
LIVING & ENDING
できればあと50年は活躍してほしくないノート
（夢は静かに老衰）

ちひろさんが魚をよく食べる理由って
担当の中川さん
旦那さんが釣ってくる以外にありますか？
そうですねぇ…
18才まで海辺の町で育った私
カニ
カニ
食卓にはよく魚が並んだ
はい じーちゃんが釣ったグチの刺身
アジのみりん干し
グチのお刺身

ザザミン
釣れん
ハハハ…
ポンポンポン
いけす見とき
ガポ
わー
スイー
ピチッ
どん
お魚いっぱーい!
なに?
鯛とコチ
共働きの両親の代わりに祖父母は私たち兄妹の面倒をいつも見てくれた
ただいまぁ
おかえり
とうきび蒸しとるよ
おかえりー

留守番が難しい小学校
低学年の時期は毎日
祖父母宅へ帰宅した
夏休みは
ずっと一緒
浜辺でよく
あそんだ
ザザ
オルガン捨てられてた
ボン
ボン
パス
パス
さわらんよー
シュッ
一年を通して
いろんなことを
祖父母とともにした
しいの実ひろい
自宅までは
小学校を挟んで
車で5分の距離
だった
あ
おかーさん
おかえりー
ちかさん魚持って帰りー
迎えに
きたよ〜
帰るよー

そんな祖父母も年をとって…
畑いくかねー
祖父は他界
祖母は現在92歳
たまには帰っといでーー
私はというと大学へ進学しそのまま広島で結婚・出産
ただいまー
ひ孫を会わせに帰るのが楽しみである
よ～～ こえとる！
ムチィッ
ひーばーばの家カニいるから好き
カニ カニ～
あに…
フーーン

ばーちゃんてボケんよね
ひ孫の名前も覚えとるし
じーちゃんも86才で死ぬまでボケんかったよ
ひ孫1
ひ孫2
祖母に秘訣を聞いたところ
魚ようと食べるしねぇ
なんかしらよく動くけかねぇ？
おとーさんヒラマサ好きやったよ
確かに…
夫婦で石船に乗って働き
畑を耕し
釣りをし
孫の面倒も見る
それはま――よく動いてたな…
お肉も美味しいけどねぇ
身体にええよ
魚をしっかり食べたらいいよ
元気な90代に言われると説得力がある
実際魚に含まれるDHAとかEPAはアルツハイマー型認知症の予防に良いって言うもんね
DHA
EPA
注目されてるよネ
おばーちゃん難しいことはわからんよ

じーちゃんみたいな釣り好きと結婚はできました
たくさん釣ってきてもらうわ
よかったねえ
ホコホコ
ブイ
またね〜 秋に帰るからね〜
〜ばーばーば
バイバーイ
子どもを産んでから強く感じることがある
子育てって想像してた以上に大変だ
ママーーっ
だこーー
つぶちゃんが
ひっぱ
わ゛ーー〜っ
うぉ゛ー
親が元気じゃないと乗り切れないことたくさん
あぢ
ママ
こっち〜
病気なんてした日にはこの有り様
ゴホッ
ゴホ
健康大事…
わー
ごちゃっ

そんな毎日を送る中で見えてきた目標
それは家族や子に介護やお金の心配をかけずに
ピンピンころりで死ぬこと
元気にポックリいきたい
ちょうどよくイメージしやすいロールモデルもいる
ロールモデル
※祖母生きてます
今のところマネできてるのは？
家庭菜園と…なにかな
うーーん
魚料理も割とマネできてるな？
ハッ
ってとこですかね
イイじゃないですか
ってことで本になりました。

あとがき

この本を手に取り
読んでくださった皆様
制作に関わってくださった
皆様本当にありがとう
ございます!!

「魚をもっと身近に
感じてほしい」
「健康に死にたい」
この2つの軸を元に
この本は始まりました。

元々料理は好きですが
祖母の代から計量
なんてあってないような
ものでほぼ目分量で
料理をしてきた私…

しょう油ちょっとと～
みりんひとまわしくらい～
テキトー♪
ドボボ…

今回書籍制作にあたり
いつも感覚で作ってる
レシピを計量すると
世間一般のレシピより
1.4倍量くらいで作ってて
笑いました(夫が大食漢)

え…コレって6人家族分くらいなの?

鯛とスズキは顔のとこもっと角度あるよ
それじゃメダイに見える
マグロは口元ちがう
イカの目の下ふくらみすぎ
カワハギのおでこはもっとストンとしたシルエットね
よく見て
ヒェ～ッ
ハ…ハヒィッ
ザカ
ザカ
魚の全て
SAKANA

魚大好きですが知識としては
ガチ釣り人の夫の方が何倍も
詳しいので作画には夫からの
的確な修正指示が入り
大変助かりました。そんな
愛する夫が描いたカニの
絵がお気に入りです。
ご査収ください…
↓

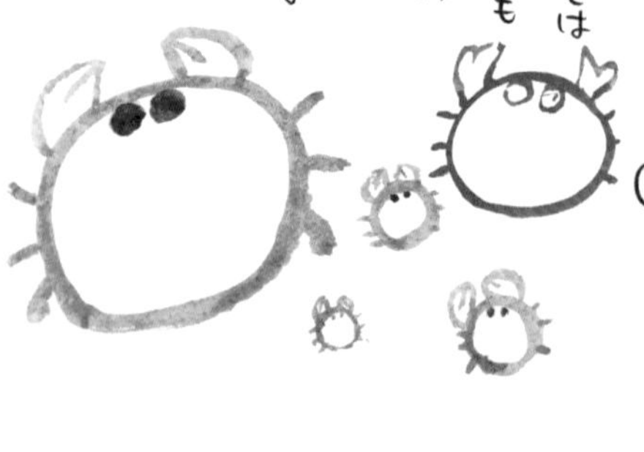

STAFF

ブックデザイン
あんバターオフィス

DTP
辻野祥子

校正
向山美紗子

営業
後藤歩里

編集長
山崎旬

編集担当
中川寛子

協力
親愛なる妹、みやけ
(@miyahahama)

カンタンなのに家族《かぞく》に人気《にんき》のお魚《さかな》おうちごはん

2024年2月2日　初版発行
2024年9月5日　4版発行

著者　モチダちひろ

発行者　山下直久

発行　株式会社 KADOKAWA
〒102-8177　東京都千代田区富士見 2-13-3
電話 0570-002-301（ナビダイヤル）

印刷・製本　TOPPANクロレ株式会社

◎お問い合わせ
https://www.kadokawa.co.jp/
（「お問い合わせ」へお進みください）
※内容によっては、お答えできない場合があります。
※サポートは日本国内のみとさせていただきます。
※Japanese text only

定価はカバーに表示してあります。

Printed in Japan
ISBN 978-4-04-683229-0 C0077